THEATERBIBLIOTHEK

Die Hauptpersonen in Dea Lohers Stück sind zwei Männer, die als Paar leben, deren junge Nichte und die betagte Wohnungsnachbarin Frau Yamamoto.

In fein miteinander verwobenen Szenen zeigt das Stück eine Gesellschaft, die zugleich zugänglich und scheu ist, vergnügungssüchtig und angstvoll; Menschen, die – bei aller Aktivität – Intimität verlernt haben. All das gemeinsame Essengehen, Tanzen oder Angeln nützt nichts, da hilft kein Gold der Welt, am Ende geht man in unterschiedliche Richtungen ab.

Und Frau Yamamoto? Die Älteste in dieser Gesellschaft ist deren sterbendes Zentrum, ein guter Geist aus besseren Zeiten? Und die Jüngste, die Nichte Milena, schaut sich das an, und die Frage steht groß im Raum: Wie trüb sind denn bitte ihre Aussichten?

Dea Loher

Frau Yamamoto ist noch da

Theaterstück

DER VERLAG DER AUTOREN
GEHÖRT DEN AUTORINNEN
UND AUTOREN DES VERLAGS

Dieses Buch erscheint in einem unabhängigen Verlag.

Bibliografische Information der Deutschen Nationalbibliothek

Die Deutsche Nationalbibliothek verzeichnet diese Publikation in der Deutschen Nationalbibliografie; detaillierte bibliografische Daten sind im Internet unter http://dnb.de abrufbar.

1. Auflage 2024

Verlag der Autoren GmbH & Co. KG
Taunusstraße 19, 60329 Frankfurt am Main
Telefon: 069 23 85 74-20
E-Mail: theater@verlagderautoren.de
www.verlagderautoren.de

Satz: Maintypo, Reutlingen
Umschlag: Bayerl + Ost, Frankfurt am Main
Druck: Beltz Grafische Betriebe GmbH, Bad Langensalza

Printed in Germany
ISBN 978-3-88661-427-1

Frau Yamamoto ist noch da

Personen

FRAU YAMAMOTO, *über 70*

NINO, 37 } *ein Paar*
ERIK, 49

MILENA, *Nichte von Erik, fast noch ein Kind*

FRAU IM TREPPENHAUS
MANN UND FRAU IM RESTAURANT
SERVICEKRAFT
MANN, DER EIN GEDICHT SCHREIBT
MANN UND FRAU IN DER BAR / BEIM TANZEN
ZWEI FRAUEN IM PARK
FRAU AM FENSTER
MANN UND KIND IM SCHWIMMBAD
ZWEI ANGLERINNEN
THERAPEUT, KLIENTIN
LUCIANO, *Sohn von Frau Yamamoto*
ZWEI ANGLERINNEN, EIN ANGLER
MANN, DER EIN GEDICHT VORTRÄGT
MANN UND FRAU AUF DER LANDSTRASSE
FRAU, DIE EINEN RUCKSACK VERGESSEN HAT
FRAU IM TREPPENHAUS

Besetzung m/w/d

Je nach Lesart können die Figuren jeweils nur in einer oder in mehreren Szenen erscheinen, wodurch sich unterschiedliche inhaltliche Zusammenhänge und Assoziationen ergeben.

Prolog

Im Treppenhaus.
Die Tür zu Frau Yamamotos Wohnung steht offen.

FRAU Ich komme wegen der Wohnung. Ist hier die Besichtigung?

Pause.

NINO Nein, das ist –
FRAU Sie ist doch noch zu vermieten?
NINO Nein, das ist – Das ist ein Irrtum.
FRAU Hier steht, sie ist zu vermieten. Und die Tür ist offen. Renovieren Sie gerade?
NINO Die Tür ist immer offen. Frau Yamamoto hat es gerne so.
FRAU Aber die Wohnung ist leer. – Das seh ich doch.
NINO Das sieht nur so aus. *Pause.* Frau Yamamoto ist noch da.

Pause.

NINO Ja. Frau Yamamoto ist noch da.

1 Türen I

In der Wohnung von Nino und Erik.

NINO Heute habe ich die alte Frau getroffen, die von unten.
ERIK Welche alte Frau.
NINO Du weißt schon, die im zweiten Stock wohnt. Nein, im ersten. Sie wohnt im ersten.
ERIK Ah ja.
NINO Kennst du sie nicht –
ERIK Nein. Ja. – Kennen – ich weiß, wen du meinst … Was ist mit ihr.

Pause.

NINO Nichts. Ich habe sie getroffen. Im Eingang. Ich hab ihr die Tür aufgehalten. Sie konnte kaum laufen.
ERIK Ist sie krank –
NINO Ich weiß nicht. *Pause.* Nein, ich glaube nicht. Sie ging einfach sehr langsam. – Und lächelte mir zu.

Schweigen.

ERIK Ja. – Also was ist mit ihr.
NINO Nichts. Nichts.
ERIK Warum erzählst du mir das –
NINO Nur so.

Pause.

ERIK Also irgendwas ist doch mit Frau Yamamoto –
NINO Ah – so heißt sie –
ERIK Ich glaube –
NINO Woher – Du kennst sie also doch –

ERIK Hab mich spontan erinnert.

Sie lachen ein wenig.

ERIK Ich wusste nicht, dass ich es weiß. Hättest du mich gefragt, wäre es mir nicht eingefallen.

Pause.

ERIK Es gibt bestimmt einen Fachbegriff dafür. *Pause.* Eine spontane – eine unbewusst-intuitiv aufploppende Erinnerung an Dinge, von denen man nicht wusste, dass man sie weiß. Fachbegriff –

NINO So eine Art déjà-vu –

ERIK Ja. Nein. Das ist nicht dasselbe.

Pause.

ERIK Sudden memory. Oder hidden eruptive memory –. Würde ich tippen.

NINO Ja. – Schon gut. *Pause.* Frau Yamamoto also.

ERIK Worüber hast du mit ihr geredet?

Pause.

NINO Gar nicht. Sie hat mir zugelächelt. Und sich bedankt.

ERIK Wofür?

NINO Hab ich doch gesagt, weil ich ihr die Tür aufgehalten hab.

ERIK Hm. Die Haustür –

NINO Ja.

ERIK Warst du bei ihr in der Wohnung –

NINO Nein, wieso sollte ich –

ERIK Es klang so.

NINO Da hast du was falsch verstanden.

Schweigen.

NINO Sie wohnt da alleine, oder –
ERIK Denke schon, ja. *Pause.* Wieso fragst du –
NINO Nur so.

Schweigen.

ERIK Pop-up hidden memory – das könnte gut sein. Ich werd das gleich mal rausfinden. *Pause.* Das könnte eine Idee sein für ein kleines Programm, ein Spiel vielleicht –
NINO Wie denn –
ERIK Ach, erzähl ich dir, wenns soweit ist.

Pause.

NINO Ich glaube, ich werde hin und wieder mal klingeln, und sie fragen, ob sie was braucht. – Ob ich ihr was mitbringen kann, vom Supermarkt oder so.
ERIK Ja. – Gut. – Mach das.

Schweigen.

NINO Ja. Das mach ich.

2 Zusammengeklebt

Im Restaurant.

MANN Heute hatte ich einen Klienten – ein unglaublicher Typ, sag ich dir.

FRAU Das darfst du mir nicht erzählen –

MANN Nee, das darf ich dir nicht erzählen. Aber du kennst ihn ja nicht, also – … Der überrascht mich immer wieder. – Ich hab ihn noch nie getroffen übrigens, er telefoniert nur mit mir. Ich glaube, er verlässt seine Wohnung fast nie. Und heute hat er mir erzählt – nennen wir ihn Luis –, also Luis hat Kontakt zu einem Dr. Lerchenheimer aufgenommen, angeblich irgendein Mikrobiologe –

FRAU Hat er ihn erfunden?

MANN Kann sein, aber egal. Dr. Lerchenheimer hat Luis erzählt, dass sich bald ein neues Virus verbreiten wird. Auf der ganzen Welt. Und das ist ganz anders als alle bisherigen Krankheiten – … Du isst ja gar nichts –

FRAU Doch doch, red weiter.

MANN Das Virus an sich ist harmlos. Aber man muss halt doch sehr aufpassen. Wenn zwei Menschen sich berühren – egal wo und wie – und einer ist infiziert –, dann bleiben die – wie zusammengeklebt. Man kann sie nicht mehr trennen. Also die sind praktisch zusammen für immer. Es gibt kein Gegenmittel. In Luis' Vorstellung: sie müssen alles zusammen machen – essen, duschen, schlafen, radfahren –

FRAU Wie soll das gehen.

MANN *lacht ein bisschen* Luis erklärt: Wenn sie beim Küssen zusammengeklebt sind, dann wird es kompliziert – sie müssen dann künstlich ernährt werden, mit Zugang direkt von hinten in den Darm –

Kleines Lachen.

FRAU Und das gilt nur für Hautkontakt –

MANN Nee nee, das geht auch durch die Kleidung. – Nackte Haut allerdings – sagt Luis – klebt besonders gut. Das ist dann wie – fast wie verschmolzen.

FRAU Junge Junge.

MANN Es entstehen immer mehr Menschenklumpen – Wo wohnen diese Klumpen? Wo schlafen die und wie, alle übereinander, in Turnhallen? Und wie bewegen sie sich fort, im Rollen? Wuchernde Menschenklumpen, die sich durch die Straßen wälzen, die können gar nicht mehr ernährt werden. Wer in der Mitte von so einem Klumpen feststeckt, der hat mal richtig Pech.

FRAU Da wirst du sowieso erdrückt. – Erdrückt, bevor du verdurstest –

MANN Aber die Schlauen – sagt Luis – sondern sich sofort ab. Denn nur die Einzelgänger werden überleben. Die Eremiten, die Sonderlinge.

FRAU Ist das eine Parabel für ihn oder sowas?

MANN *lacht* Nee, das is Forschung. Alles, was man bisher weiß.

FRAU *lacht* Sagt Luis –

MANN *lacht* – sagt Dr. Lerchenheimer. *Pause.* Eine Mutter, die ihr Kind umarmt – zusammengeklebt. Liebende, die fremdgehen – zusammengeklebt. Du und die Kassiererin im Supermarkt, die dir Geld zurückgibt – zusammengeklebt.

FRAU Was ist mit Tieren?

MANN Bei Tieren passiert nichts. Reiten – darfst du … Kühe melken, Schweine schlachten … alles kein Problem. Deinen Hund kannste auch streicheln – Du hast ja immer noch nichts gegessen. Ich möchte dein Gemüse nicht, danke. Du musst es ja nicht aufessen.

FRAU Deswegen hat er Angst, die Wohnung zu verlassen?

MANN Ich denke, er wünscht sich im Grunde diese Nähe, die er nicht hat. Aber darüber darf ich wirklich nicht reden. – Schmeckt dir der Fisch nicht.
FRAU Probier mal, dann weißt dus.
MANN *probiert* Orgh, tatsächlich, das ist – das ist – das schmeckt nach – ogott – Das lassen wir zurückgehen – Ich hol die Frau vom Service –
FRAU Mach das nicht. Sag nichts. Bitte –
MANN Aber das geht doch nicht. Das können wir so nicht – das schmeckt verdorben, fast giftig.
FRAU Ja, aber – Warte mal, warte. Die Frau da, die Bedienung –
MANN Was ist mit ihr –
FRAU Sie sieht mich die ganze Zeit schon so seltsam an.
MANN Vielleicht kennt sie dich –
FRAU Nein.
MANN Was dann –
FRAU Ich glaube, sie denkt, dass ich – dass ich etwas eingesteckt habe.
MANN Eingesteckt?
FRAU Mitgehen lassen.

Pause.

MANN Interessante Theorie.
FRAU Jetzt sieht sie wieder her. Schau –
MANN *beobachtet die Bedienung*
FRAU Sie denkt, dass ich etwas eingesteckt habe. Hundertprozentig.

Pause.

MANN Und – hast du?
FRAU Nein.

Pause.

FRAU Und jetzt überlegt sie, wie sie es macht. Wie sie mich drauf anspricht. Mich überführt.

Schweigen.

MANN Dann überrasch sie doch einfach.
FRAU *macht der Bedienung ein Zeichen*
SERVICEKRAFT Bei Ihnen ist alles in Ordnung?
FRAU Ich möchte Ihnen gerne etwas zeigen. Schauen Sie doch mal bitte hier rein. *Sie öffnet ihren Rucksack und hält ihn der Servicekraft hin.*
SERVICEKRAFT Nee – Ihr Rucksack geht mich nichts an.
FRAU Jetzt sehen Sie mal da rein, sofort, und dann sagen Sie mir, was Sie sehen –
SERVICEKRAFT *sieht in den Rucksack* Zeug. Alles mögliche.
FRAU Gehts genauer.
SERVICEKRAFT Taschentücher, Haarbürste, Notizbuch, Aspirin, ein alter Apfel.
FRAU Und – sehen Sie irgendetwas, das Ihnen gehört, dem Restaurant hier –
SERVICEKRAFT In Ihrem Rucksack?
FRAU Ja oder nein?
SERVICEKRAFT Nein.
FRAU Und, sind Sie jetzt zufrieden –
SERVICEKRAFT Ja na klar. Na klar. Alles bestens. – Na klar. – Kann ich sonst noch was für Sie tun –
FRAU Zwei Espresso und die Rechnung.
MANN Den Fisch hast du jetzt ganz vergessen.
FRAU Was –
MANN Den Fisch zu reklamieren –

FRAU Ach, der Fisch. *Pause.* – Ich hätte eine Entschuldigung verlangen sollen.

MANN Sei großzügig. – Hast du nicht Hunger –

FRAU Ja. Natürlich hab ich Hunger. *Pause.* Himmel, ich hab ein Loch im Bauch. *Pause.* Wär das schön, wenn wir jetzt zusammen nach Hause gehen könnten, und du würdest mir ein Sandwich machen.

MANN Das wäre es. Das wäre es. – *Pause.* Darüber sollten wir reden. – Wann wir endlich zusammenziehen. Ich hab meinen Makler schon vorbereitet –

Schweigen.

FRAU Ja.

MANN Was meinst du.

FRAU Es sieht nicht gut aus. Meine Mutter braucht mich. Sie braucht mich immer mehr. Ich kann sie kaum allein lassen. – Tagsüber geht es, aber nachts – auf keinen Fall.

MANN Und wenn du doch eine Pflegekraft –

FRAU Woher nehmen? Außerdem, ich hab meiner Mutter versprochen, so lang es geht –

MANN Jaja, ich weiß. – Aber ich würde sie so gern kennenlernen. Wenigstens ein Mal persönlich …

FRAU Ich erzähle ihr viel von dir. Sie vergisst es immer wieder …

Pause.

FRAU Warum lächelst du?

MANN Ich habe überlegt, was Luis sagen würde, was Dr. Lerchenheimer sagen würde.

FRAU Ja, was denn?

MANN Eine Fernbeziehung – … Sie verdammter – verdammter Glückspilz!

3 Liebesgedicht

Mittagspause im Fahrradladen.

MANN *blättert in einem Haufen Zettel. Liest.*
Der Titel ist
Frühling
…
Frühling
…
Das Alte ist vorbei
Das Neue kommt herbei
…
Überlegt. Schreibt.
Nee
Das Neue *sehnst du* herbei
Überlegt laut.
Das Alte ist vorbei/ das Neue sehnst du herbei/ endlich
Nee
Das Alte ist vorbei/ Das Neue *sehn ich* herbei
Ja, das ist gut
…
Das Alte ist vorbei
Das Neue sehn ich herbei
endlich

Sag ja dazu – – – – Heike

Überlegt.
…
Zweite Strophe
…
Überlegt.

Der Schnee taut
Der Himmel blaut
Mach dein Fenster auf
Heike
Überlegt laut.
Der Schnee taut/ Der Himmel blaut/ Mach dein Fenster auf/
Und dein Herz
Heike
…
Überlegt.
…
Ich warte
Pause.
auf dich
…
Überlegt.
…
Dritte Strophe
Überlegt.
Es gibt keinen Frühling
ohne dich
Überlegt.
Ich wache erst auf
wenn Morgen ist
Nee
nee nee nee
Ich wache auf
wenn Morgen taut
Überlegt.
Nee das is Quatsch
Überlegt.
Ich träume
du auch

Überlegt.
Wann wachen wir auf
gemeinsam
Überlegt.
Sag ja dazu – – – – Heike

Überlegt.
…
Also

Ruft. Nino! Kannst du … Hast du nen Moment …
NINO Was gibts
MANN Eine Überraschung
Sag noch nichts
Hör einfach zu

Frühling –
Warte, das ist von mir –
hab ich vergessen zu sagen
Ich fang nochmal an –
Vielleicht mache ich vorher
eine kleine Ansprache –
Musst du dir vorstellen
…
Frühling

Das Alte ist vorbei
Das Neue sehn ich herbei
endlich
Sag ja dazu, Heike

Der Schnee taut
Der Himmel blaut

Mach dein Fenster auf
und dein Herz
Heike
Ich warte

Es gibt keinen Frühling
ohne dich
Ich träume
Du auch
Wann wachen wir auf
gemeinsam

Sag ja zu mir, Heike

Pause.

NINO Ist das ein Antrag
MANN Klingt es danach
NINO Ja, doch –
Antrag oder Liebeserklärung
MANN Denk schon, ja
Wie findest dus
NINO Gut – super, große Klasse
Wer ist Heike
MANN Is nur ein Platzhalter
NINO Bitte –
MANN Der Name ist ein Platzhalter
Bis ich die Frau gefunden habe
der ich das Gedicht schenken möchte
NINO Oh, na dann
Pause.
Die Ansprache würd ich weglassen
MANN Ansprache weglassen

NINO Ja, direkt loslegen
MANN Okay, gut
Bistn echter Freund
Danke, Nino
NINO Viel Glück

4 Türen II

In der Wohnung von Nino und Erik.

NINO Erik, grad hab ich Frau Yamamoto getroffen, unten im Hausflur. Wir sind zusammen nach oben gegangen, und sie sagte etwas sehr Merkwürdiges.
ERIK Erzähle –
NINO Frau Yamamoto sagte

FRAU YAMAMOTO Kann ich vielleicht meine Tür einen Spalt offen lassen, nur ein wenig? Würde Sie das stören?

Sie meinen Ihre Wohnungstür, zum Treppenhaus?

FRAU YAMAMOTO Es ist so heiß, meine Wohnung bekommt so wenig Luft, ich hoffe auf ein bisschen Durchzug, nur einen Spalt –

Natürlich können Sie das machen, warum sollte mich das stören –

FRAU YAMAMOTO Es ist ja nicht üblich.

Wenn Ihnen das nichts ausmacht, dass viele Leute vorbeigehen, an Ihrer offenen Tür –

FRAU YAMAMOTO Nein, macht mir nichts.

Natürlich könnte jeder einfach zu Ihnen hineingehen oder hineinsehen.

FRAU YAMAMOTO Ja, das wäre möglich.

Ohne anzuklopfen.

FRAU YAMAMOTO Es ist so heiß in diesem Sommer –

Machen Sie sich keine Gedanken, lassen Sie Ihre Tür offen stehen, wann immer Sie wollen; wir werden ein Auge darauf haben, dass Ihnen nichts geschieht –

ERIK Das hast du gesagt? Warum sollte ihr was geschehen –

NINO Sie hatte zwar keine Angst –. Sie hatte keine Angst, jemand von uns oder ein Anderer aus dem Haus oder ein Fremder könnte zu ihr hineingehen –

FRAU YAMAMOTO Ich sitze ja meist am Tisch und lese. Es ist wirklich zu heiß in den letzten Tagen. So ein bisschen Wind – das wird mir gut tun …

Ja.

FRAU YAMAMOTO Ich werde auch die anderen Bewohner fragen, wenn ich sie treffe, im Vorbeigehen, damit sich niemand wundert. Alle kenne ich ja nicht. Niemand soll sich wundern, dass meine Tür offen steht.

NINO Ich habe ihr noch geholfen, einen Stuhl an die Tür zu stellen, damit sie nicht zufällt.

Erik lächelt ein bisschen, verwundert. Pause.

NINO Ich sollte öfter bei ihr vorbeischauen.

ERIK Das würde sie freuen. – Nehme ich an.

Schweigen.

NINO Meinst du, wir sollten sie mal zum Essen einladen?

ERIK *sehr bestimmt* Nein. – Wozu – Wie kommst du denn jetzt darauf – *Pause.* Auf gar keinen Fall.

Pause.

ERIK Wieso sollen wir sie einladen – Wir kennen sie überhaupt nicht.

Pause.

ERIK Du sagst ja nichts mehr – *Pause.* Da würden wir was anfangen … Das können wir am Ende gar nicht mehr kontrollieren.

Schweigen.

ERIK Was –

NINO Wie du reagierst. Erik, es geht nur um – … unsere Nachbarin. Eine alte Dame.

ERIK Ja. – Jaja. – Was haben wir in ihrem Leben verloren. – Nichts. –

5 Gold I

In einer Hotelbar.

MANN Das sieht wertvoll aus.
FRAU Ja. Das ist es auch.
MANN Und das kann man einfach so kaufen –
FRAU Ja.
MANN Und verkaufen auch wieder?
FRAU Jederzeit.
MANN Es sieht wertvoll aus.
FRAU Ist eine Goldmünze. Spezielle Prägung, Sonderausgabe. Arche Noah heißt die.
MANN Ach. Das wusste ich nicht, dass es sowas gibt.
FRAU Ist wie eine Währung. Das kommt direkt von der Bank. Und jede Bank tauscht dir das.
MANN *zeigt* Da steht drauf *999.*
FRAU Das ist die Legierung. Es gibt auch noch andere. Aber das ist die reinste. Reines Gold.
MANN Was bedeutet das – *Zeigt.*
FRAU Eine halbe Unze. Das ist das Gewicht.
MANN Aha. Aah ja. Eine halbe Unze. *Pause.* Und was ist die so wert?
FRAU Eine Unze – im Moment – um die … also eine halbe Unze ungefähr 900 Euro. Noch etwas mehr.

Pause.

MANN So viel.

Pause.

FRAU Ja. Ungefähr. *Pause.* Kommt auf den Kurs an. Der verändert sich natürlich, der bleibt nicht immer gleich. Rauf und manchmal auch runter. Aber wie die Zeiten auch sind, Gold ist die beste Wertanlage.

MANN Gold ist die beste Wertanlage.

FRAU In jedem Fall.

MANN Da dank ich dir sehr.

Pause.

MANN Da dank ich dir wirklich sehr.

FRAU Keine Ursache.

Pause.

MANN Das kann ich also mal zu Geld machen. *Pause.* Falls ich es brauchen sollte.

FRAU Bei jeder Bank.

MANN Falls ich es mal brauchen sollte. *Pause.* Aber nicht jetzt. Jetzt behalt ich es erstmal.

Schweigen.

MANN Danke ich dir sehr.

FRAU Gar keine Ursache.

MANN Ich bin leider kein wohlhabender Mann. Das musst du wissen. *Pause.* Ich hab auch nie etwas von dir verlangt. Das möchte ich nicht.

FRAU Ich weiß, ich weiß.

MANN Danke dir sehr.

FRAU Wir kennen uns ja nun schon ein paar Monate. Da kann man das mal machen.

Schweigen.

MANN Und jetzt dann Gran Canaria? Nächste Woche? – Und da fährst du mit deinen Bekannten hin, den Spaniern?

FRAU Ja, aus Barcelona sind die. – Aber ich fliege nicht mehr gerne.

MANN Meinst du wegen der Diabetes? Musst du dich selbst spritzen? Ist das nicht gefährlich?

FRAU Ach was. Das ist einfach. Da nehm ich nur Medikamente. Ich bin ja Typ Zwei. Ist kein Problem.

MANN Wir können auch hier was unternehmen.

FRAU Jetzt bin ich erstmal ne Weile weg.

MANN Zum Angelo zum Beispiel. Da könntest du mich mal einladen.

FRAU Ja – Currywurst für 23 Euro, herzlichen Dank.

MANN Das muss ich dir dann schon wert sein.

FRAU Dann lieber Sole mio. Ein frischer Fisch und so weiter. Eine Küche, die den Namen verdient.

Pause.

MANN Nochn Weinchen? Und sei so gut, für mich einen Martini.

Sie bestellen.

MANN Da seid ihr eine kleine Gruppe, auf Gran Canaria? Und der Tommy, der Tommy, fliegt der auch mit?

FRAU Der Tommy, welcher Tommy –

MANN Na, von dem du mal erzählt hast. Weil du gesagt hast, der Tommy wollte immer Geld von dir, und es ging immer nur ums Bezahlen und so, und dann hast du die Bekanntschaft abgebrochen –

FRAU Ja ja.

Pause.

MANN Wir können auch mal nach Heidesee. Wenn du wieder da bist. Ist dann ja schon Herbst. Heidesee ist sehr schön, ein sehr schönes Speiselokal. Auch nicht so überlaufen. Allerdings nicht ganz billig. Da waren wir neulich mit meiner Tochter und ihrem Freund, er wollte uns groß ausführen. – Kann man schlecht nein sagen, was. – Hat mich auch sehr gefreut, er hat sich wirklich Mühe gegeben. Für mich bräuchte es das zwar nicht, ich ess auch gern Hering. – Wenn wir zu zweit sind, meine Tochter und ich, wir finden uns immer was Günstiges. Da geben wir nicht so viel Geld aus. – Ich geh ja schon zwei dreimal die Woche weg, da muss man bisschen schauen. Weißte, ich habs nicht so dicke.

FRAU Weiß ich doch.

MANN Und dann gehen wir wieder zum Tanzkurs. Im Winter. Ja? Was meinst du? Das war soo schön – Wie wir uns begegnet sind. Das hat dir auch so gut gefallen, den ganzen Abend Rumba – Rumba – Cha Cha Cha – was?

FRAU Das ist eine gute Idee, das machen wir.

MANN Wir lassen die Anfänger hinter uns. Jetzt sind wir Fortgeschrittene.

Sie lachen.

6 Sägewerk

In der Wohnung von Nino und Erik.

FRAU YAMAMOTO Wir hatten ein Sägewerk, früher. Mein Mann und ich. Wir hatten ein Sägewerk und haben – naja, Holz produziert. Bauholz hauptsächlich, auch Möbelholz. Für die Industrie eben. Die Bäume kamen von diesen großen Plantagen. Fichten, Kiefern, später dann Douglasien. Ich weiß nicht, ob es das heute noch gibt –. Gibt es solche Plantagen noch?

ERIK *zuckt die Schultern*

FRAU YAMAMOTO Ja, wahrscheinlich. – Ich denke schon. Warum sollte sich das ändern. Man braucht Holz immer, oder nicht? *Pause.* Also ich weiß nicht, ob das gut war. Diese vielen Bäume. *Pause.* Ob das gut ist. Es dauert immerhin … ein halbes Menschenleben … bis so ein Baum ein Baum ist.

MILENA Manche Bäume wachsen aber ganz schnell.

FRAU YAMAMOTO Hm, tja – relativ –

MILENA … superschnell, Bambus!

FRAU YAMAMOTO *lacht* … relativ schnell … Pappeln oder chinesische Mammutbäume. *Pause.* Vielleicht gibt es inzwischen sogar Züchtungen, denen man beim Wachsen zusehen kann. Extraschnell nur für die Industrie. Und dann wird das Holz Jahr für Jahr geerntet wie – wie Obst oder Gemüse. – Das fand ich immer fürchterlich, diesen Ausdruck – ernten, Holz ernten. Als ob der Baum für den Menschen wachsen würde, als ob uns das zustehen würde, mit ihm zu machen, was wir wollen. Ernten – heißt das nicht, etwas wegnehmen, was entbehrlich ist … Naja. *Pause.* Wir sind verabscheuenswerte Wesen, das muss man schon sagen. Abscheulich. Wie wir die Welt vernichten. Die Natur unterwerfen und vernichten. *Pause.* Aber es spielt für mich nun auch keine Rolle mehr.

MILENA Gabs da auch Unfälle, schreckliche Kettensägenmassaker und so was. Wo Finger durch die Luft fliegen und das Blut nur so spritzt –

Pause.

FRAU YAMAMOTO Das gabs. – Ja, das gabs. – Es gab schreckliche Unfälle.

MILENA Erzählen Sie, los –

FRAU YAMAMOTO Sehr viel Blut. Echtes Blut. Von Menschen.

MILENA *zückt ihr Smartphone* Darf ich das aufnehmen –

ERIK Lass das –. Du hast echt keine Manieren, Milena. Bin ich froh, dass ich nur dein Onkel bin. Mit mir als Vater – …

MILENA Bin *ich* froh, dass du nur mein Onkel bist. Du und Vater – *Lacht.* … Sei froh, dass ich nicht apathisch in meinem Zimmer hocke. Mir wird allgemein eine erfreuliche Neugierde bescheinigt.

NINO Jedenfalls – Sie sind die erste Sägewerksbesitzerin, die wir kennenlernen –

FRAU YAMAMOTO Es war nur ein Geschäft wie viele andere. Ich hab die Buchhaltung gemacht, die Abrechnungen, die Logistik. Und mein Mann hat geredet, er hatte die Kontakte zu den Forsten, den Kunden, den Handwerkern …

NINO Und wann ist ihr Mann gestorben?

FRAU YAMAMOTO *überrascht* Gar nicht –. Wieso gestorben –. Er lebt im Norden und ist quicklebendig.

Kleines Schweigen. Frau Yamamoto lacht.

FRAU YAMAMOTO Wie er es jetzt hält, weiß ich nicht, aber mein Mann hat ziemlich viel gekifft, früher. Als wir ein junges Ehepaar waren, da hatte er die Angewohnheit, sich jeden Abend nach dem Essen einen Joint zu drehen, manchmal auch zwei, dünn gerollt, zur Beruhigung und zum Runterkommen. Und

jeden Morgen nach dem Frühstück auch. Erstmal was rauchen. Und eines Tages war er so … vollkommen entspannt … – vielleicht war das Gras auch stärker als sonst –, da hat er nicht aufgepasst, und die Zuschneidemaschine hat ihm ratzfatz drei Finger weggesägt –. Sie war an dem Tag auf extra dünnes Furnier eingestellt. – Die Finger wurden in hübsche Scheibchen geschnitten … wir haben sie aus dem Sägemehl gefischt, jeder mit einem runden Knochen in der Mitte. *Pause.*
Verblüffend, sie sahen aus wie ganz kleine, feine Baumscheiben. – Ein Mal nicht aufgepasst. – Sie konnten die Finger nicht mehr annähen. Wir haben sie zwar mit ins Krankenhaus genommen, eingewickelt in ein Handtuch, und einer der Arbeiter hat noch Eis dazugepackt, hat alles nix genützt –. *Pause.*
Das war so ein Unfall mit viel Blut.

Schweigen.

FRAU YAMAMOTO Und soll ich euch noch eine Sägewerksgeschichte erzählen?
NINO UND MILENA Ja!
ERIK *gleichzeitig* Nein!

Lachen.

FRAU YAMAMOTO Es hat nichts mit Kiffen zu tun.
ERIK UND MILENA Ja!
NINO *gleichzeitig* Nein! Dann nicht!

Frau Yamamoto lacht ein Lachen, das sie ein bisschen hin und her schüttelt. Sie lacht sehr.

FRAU YAMAMOTO Dann erzählt ihr doch mal. Was ist mit euch? Was ist mit euch? *Pause.* Seid ihr glücklich?

Pause.

NINO Oh, das ist eine große Frage – Das ist eine sehr große Frage, Frau Yamamoto.

FRAU YAMAMOTO Ja, stimmt. Eine große Frage. Eine große Frage. Eine wichtige Frage.

MILENA Die wichtigste. Oder nicht – Los, sagt schon. Seid ihr glücklich? Die meiste Zeit wirkt ihr auf mich nämlich stark komatös.

ERIK Woher hast du solche Wörter?

MILENA Ich lese viel. – Es unterhält sich ja niemand mit mir.

Pause.

ERIK Nein, ich bin nicht glücklich, glaube ich. Ich bin auch nicht unglücklich. *Lächelt.* Komatös würde ich es nicht nennen, es ist eher eine Art von –

NINO – von …

ERIK … von Hilflosigkeit, glaube ich. Und die führt dazu, dass ich denke, nichts zu fühlen, also nichts Besonderes, ist normal. Und nicht handeln zu können – nichts Entscheidendes vollbringen oder verändern zu können –, ist auch normal. Und in dieser Suppe schwimme ich so dahin, schwimmen wir so dahin. Ich meine, nicht wir hier, wir in unserer Gesellschaft, mutlos und überfordert.

Pause.

FRAU YAMAMOTO Das sehe ich auch so.

NINO Ahja –

ERIK Es gibt keine Diskussion, wir haben es aufgegeben, miteinander zu reden und zu streiten, zu diskutieren, über soziale Fragen, zum Beispiel. Darüber, wie wir leben wollen, wie Milena leben soll, unsere Nachkommen – alles, was uns einfällt, und alles, was passiert, ist – wir brauchen mehr Geld. Geld soll alles regeln.

MILENA Habt ihr deswegen keine Kinder ?

Pause. Erik zögert. Lächelt, verlegen.

NINO Du kannst es ruhig sagen –

ERIK Wir wissen es nicht genau. Wir sind uns nicht richtig einig.

NINO Hm, das stimmt nicht ganz –

ERIK Nino drängelt hin und wieder – … doch, du möchtest eine Entscheidung.

NINO Ahh, Entscheidung, so weit sind wir lange nicht. Ich würde gerne mal drüber reden, was es überhaupt für Möglichkeiten gibt –. Das passiert ja alles nicht von alleine, wir müssen schon wissen, was wir wollen – und wie wir es wollen.

ERIK Ich denke, es hat noch Zeit.

NINO Das sagst du, obwohl du zwölf Jahre älter bist. Erik wird nächstes Jahr Fünfzig! – Entschuldige Erik … Sag es doch einfach. *Pause.* Nein, Erik möchte keine Kinder. Deswegen denken wir auch nicht weiter drüber nach, nicht gemeinsam.
Pause.
Erik findet, dass die Welt in keinem guten Zustand ist, und dass wir uns erstmal darum kümmern sollten, wie so viele Menschen auf diesem Planeten überhaupt überleben können, in Zukunft.

Pause.

FRAU YAMAMOTO Das finde ich großartig. Ihr seid ja großartig! Das ist eine ungewöhnliche Einstellung, eine sehr sehr mutige, eine wirklich fortschrittliche. Ich bewundere das.

Pause.

MILENA Meinen Sie das ernst?

FRAU YAMAMOTO Ja, Milena. Das meine ich ernst. Die Konsequenz – das imponiert mir.

NINO Ich finde es nicht fortschrittlich. Was ist denn daran fortschrittlich? Ich finde es – …

ERIK Deine Interessen werden nicht berücksichtigt.

NINO Ja. Genau. Meine Interessen werden nicht berücksichtigt. – Haben Sie denn Kinder, Frau Yamamoto?

FRAU YAMAMOTO Ja, wir haben einen Sohn – … Wir hatten einen Sohn. Er ist sehr früh gestorben. Mitte Zwanzig. Beim Klettern. Er war ein unglaublich guter Kletterer, Freeclimber –. *Pause.* Fast besessen von der Kletterei. – Free Solo war seine Leidenschaft. – Und dann ist er beim Training an der Marmolata … abgestürzt.

MILENA An der Marmelade – ?

FRAU YAMAMOTO Marmolata, ein Massiv in Italien, Dolomiten. – Es ist sehr lange her. – Ich habe ein Foto von ihm an diesem Tag. – Vor der steilen, nackten Felswand – – Und dann gibt es noch zwei Mädchen – … *Pause.* Nein, es ist so – *Pause.* Ach, jetzt kann ich es auch sagen. Wir haben das nicht verkraftet, mein Mann und ich. Wir konnten nicht mehr zu zweit sein, zu zweit alleine. Und dann haben wir uns getrennt. Mein Mann hat nochmal geheiratet und zwei Mädchen bekommen. Er ist sehr glücklich mit ihnen, glaube ich. Wir sehen uns nie. *Pause.* Und ich bin weggezogen, vom Sägewerk zurück in die Stadt. Und – habe sehr viel gearbeitet. Wie das so ist … Zur Ablenkung. Zuletzt war ich bei einer Spedition … aber jetzt bin ich schon eine ganze Weile in Rente.

MILENA Wie heißt Ihr Sohn?

FRAU YAMAMOTO Er heißt Luciano. *Pause.* Und ich bin übrigens Sole.

MILENA Sole wie die Sonne?
FRAU YAMAMOTO Sole wie die Sonne.
ERIK Auf Sole!
FRAU YAMAMOTO Auf euch!
NINO UND MILENA Auf uns!

Pause.

FRAU YAMAMOTO Das ist übrigens die beste Fischsuppe, die ich jemals gegessen habe.
MILENA Die macht er immer. Er kann nix anderes.
NINO Konzentration aufs Wesentliche, würde ich sagen.
MILENA Und wo ist Ihr Sohn beerdigt –
ERIK Halt jetzt mal die Klappe, Milena, du bist ne Nervensäge –
MILENA Nein, aber wieso, wenn er in Italien in den Bergen stirbt, wo ist er denn dann … ist er geborgen worden, liegt er noch im Eis, oder im Geröll – hat ihn jemand nach Hause gebracht, wieso darf ich das nicht wissen –
NINO Du darfst es schon wissen –
MILENA Aber ich darf es nicht fragen –. Wenn ich es nicht fragen darf, wie soll ich es dann wissen können, ihr seid so bescheuert …

Frau Yamamoto lacht ihr großes Schüttel-Lachen.

7 Waffen

Im Park am Ententeich.

FRAU 2 Was ist das
Was ist das für eine Partei
FRAU 1 Vielleicht haben Sie Lust
mal mitzukommen
Kommen Sie mal mit
FRAU 2 Was ist das für eine Partei
FRAU 1 Wir verstehen uns
weniger als Partei
Wir sind eher
eine Bewegung
FRAU 2 Ja
FRAU 1 Ja
Eine Bewegung

Pause.

FRAU 2 Worum gehts genau
eigentlich
FRAU 1 Wir wollen etwas verändern

Pause.

FRAU 2 Ja – Na ja
Klar
FRAU 1 Wir glauben, dass alles viel zu lang
dass sich endlich mal was
also wir brauchen
ein neues Denken
FRAU 2 Ja

Pause.

FRAU 2 Wie zum Beispiel
Wie soll das aussehen
Das neue Denken
FRAU 1 Zum Beispiel sind wir dafür
dass jeder Bürger
jede Bürgerin
das Recht hat auf
eine Waffe
FRAU 2 O-ha
FRAU 1 Ja
Eine Waffe bei sich zu tragen
FRAU 2 Das finde ich
nicht so ideal
FRAU 1 Aber sehen Sie
so viele Menschen gehen
Menschen wie Sie
gehen von einer S-Bahn-Station
alleine
nach Hause
spätabends
nachts
Pause.
Oder Sie sind alleine
in einem Parkhaus
nachts
FRAU 2 Ich?
FRAU 1 Zum Beispiel
FRAU 2 Ich hab gar kein Auto
Is ausgebrannt
vor Kurzem
FRAU 1 Sowas gibts?

FRAU 2 Ja, Kurzschluss
War aber nich weiter wild
Pause.
Hier, wollen Sie noch
ein Stück Bagel

Sie füttern die Enten.

FRAU 1 Es geht nicht darum
die Waffe zu benutzen
Aber sie zeigen können
zum Beispiel
falls einem jemand
verdächtig vorkommt

Pause.

FRAU 2 *lacht ein wenig* Wie stellen Sie sich das vor
Ich gehe von der S-Bahn nach Hause
und hinter mir taucht ein Mann auf
und ich drehe mich um
und hole eine Pistole aus
meiner Handtasche
FRAU 1 *lacht auch.*
Ja – Na ja

Schweigen.

FRAU 1 Also zu wissen
das Gegenüber kann sich verteidigen
und wird sich wehren
das ist schon
FRAU 2 Was
FRAU 1 Abschreckend

FRAU 2 Mhm, das glauben Sie
FRAU 1 Ja, doch
Es macht einen Unterschied
damit rechnen zu müssen
mit Gegenwehr

Schweigen.

FRAU 2 Gegenwehr –

Schweigen.

FRAU 2 Hier –
Stück is noch übrig
FRAU 1 Danke

Schweigen. Sie werfen Brot in den Teich.

FRAU 1 Ist Ihnen noch nie
etwas passiert
FRAU 2 Was meinen Sie genau
FRAU 1 Ist Ihnen noch nie jemand
Hat Sie noch nie jemand belästigt
angepöbelt
angegriffen

Pause.

FRAU 2 Nein
FRAU 1 Wirklich nicht
Da sind Sie die Ausnahme
FRAU 2 Ja Wahrscheinlich

FRAU 1 Was würden Sie tun
Was tun Sie
wenn Sie überfallen werden
FRAU 2 Ich weiß nicht
Ich würde
mein Geld hergeben
sofort
FRAU 1 Und wenn die Täter Sie
vergewaltigen wollen
FRAU 2 Sind es denn mehrere –
FRAU 1 Nehmen wir an
FRAU 2 Naja, ich würde hoffen
dass es schnell vorbei geht
und ich es –
dass ich es überstehe
FRAU 1 Und Sie würden sich
nicht wehren
FRAU 2 Nein, ich denke nicht
Ich würde einfach
alles tun
was von mir verlangt wird
Um mein Leben
zu retten

Pause.

FRAU 1 Und finden Sie das
richtig –
FRAU 2 Ja

Pause.

FRAU 2 Mag sein
es ist feige

Wär mir egal
Pause.
Lieber feige
als tot
oder

Schweigen.

FRAU 2 Nochn Stück –
FRAU 1 Nee, das reicht
Ich fütter ja normal
keine Enten

Pause.

FRAU 2 Soll man nich, was
Aber so n alten Bagel
Bevor ich den wegwerf
FRAU 1 Is schon klar

Schweigen.

FRAU 2 Denken Sie
ich bin feige
Sie denken, ich bin feige
wenn ich keine Waffe benutze
FRAU 1 Hm, ich denke schon
ja, irgendwie
Pause.
In jedem Fall
wäre die Waffe
eine gute Lösung

Schweigen.

FRAU 1 Sie könnten es einfach mal
ausprobieren
FRAU 2 Was
FRAU 1 Ob Ihnen das Spaß macht
FRAU 2 Was
FRAU 1 Kommen Sie doch mal
mit auf den Schießstand
Nur mal zusehen
oder ein bisschen üben
FRAU 2 Das ist nichts
für mich
FRAU 1 Ach da ist nichts dabei
Sie werden sehen
Sie bekommen Ohrenschützer
und da sind ganz viele Leute
die einfach nur trainieren
Das ist ein Sport
wie jeder andere
FRAU 2 Es ist nicht gefährlich
FRAU 1 Überhaupt nicht
Da ist eine Zielscheibe und
alle schießen in eine Richtung
Im Grunde ist es wie
auf dem Jahrmarkt
Wie so eine Bude
auf dem Jahrmarkt
Das kennen Sie vielleicht
Pause.
Also
warum nicht
FRAU 2 Ja
Warum nicht
FRAU 1 Ja?
Warum nicht

FRAU 2 Ja – gut – ja
warum nicht

8 Gold II

Beim Tanzabend.

MANN Kann ich dich was fragen? Weißt du noch, die Goldmünze, die du mir geschenkt hast, Arche Noah?

FRAU Klar. Was ist damit –

MANN Ich war bei der Bank. Hab mal gefragt. Ich könnte sie wirklich jederzeit verkaufen.

FRAU Ja, aber das musst du doch nicht. Oder?

MANN Neulich hab ich geträumt, dass der Wert der Goldunze in einer Nacht um 100 Prozent gefallen ist. Um 100 Prozent! Es gab einen Regierungswechsel, einen Krieg, eine Wirtschaftskrise, alles nacheinander – und die Börsenkurse gaben nach, die Preise für Rohstoffe auch. Ich habe geträumt, die Goldunze, die du mir geschenkt hast, war überhaupt nichts mehr wert. Nichts!

FRAU *lacht* Das wird nicht passieren.

MANN Doch, doch, das kann passieren. Es kann alles passieren.

FRAU Im Traum vielleicht. Überleg mal! Überlege mal – Denke logisch, träume logisch! Wenn es Krieg gäbe, würden die Rohstoffpreise davon profitieren. Mit den Rohstoffen würde man enorme Gewinne machen. Alles, was endlich ist, wird sehr kostbar. Wertvoll. Noch begehrter. Verstehst du. Bodenschätze. Minen. Am Ende sogar das Wasser. Das ist die Wirklichkeit. – Deshalb hab ich dir die Goldmünze ja geschenkt.

MANN Ja. Verstehe. *Pause.* Aber Wasser ist doch nicht endlich.

FRAU *lacht* Du verstehst gar nichts. Deswegen bist du auch kein Geschäftsmann, sondern nur ein guter Tänzer.

MANN *lacht auch* Ja. *Pause.* Im Grunde weiß ich das. Ich eigne mich nicht für – … Die Wirklichkeit – Nur im Traum – Nur nachts – …

FRAU Was –

MANN Das Unterbewusste, das Unterbewusste – sorgt sich andauernd. – Das lässt sich gar nicht wegtanzen. Das bohrt immer in meinem Kopf. Das lässt sich nicht wegtanzen.

FRAU Doch. Ich bin doch da. – Beruhige dich – Beruhige dich –

Sie nimmt ihn in den Arm, sie tanzen langsam.

9 Magnetisches Herz

In der Wohnung von Nino und Erik.

NINO Wusstest du, dass unser Herz ein elektromagnetisches Feld hat, das man in mehreren Metern Entfernung noch messen kann?

ERIK Wusste ich nicht.

NINO Ist das nicht faszinierend. Unsere Organe erzeugen Kraftfelder –

ERIK Wie Maschinen.

NINO Nein nein nein. Eben nicht. Da ist eine … Es hat eine ganz eigene Kraft, das Leben, es kann aus sich selbst heraus bestehen –

ERIK Ohoh. *Pause.* Das klingt nach Darwinismus. Oder was genau meinst du mit »Leben«?

NINO Hm, schon jedes Individuum. Aber auch die Menschheit überhaupt.

ERIK Machst du dir jetzt auch Gedanken über die Menschheit, das ist doch meine Aufgabe. *Lacht.*

NINO Ja, lach mich aus. – Ich zähle jede Form von Leben dazu: Säugetiere, Insekten, Fische, Vögel, was weiß ich –

ERIK Pilze –

NINO Bakterien, Einzeller, bis hin zu Algen und bis zu –

ERIK – Molekülen … Atomen …

NINO Ja. – Nur wir Menschen, unter allen Lebewesen, sind halt nie damit zufrieden, wie etwas ist. Der Mensch gibt keine Ruhe. Immerzu müssen wir alles ändern wollen, überall eingreifen, und alles nach unserem Willen umgestalten.

ERIK Hm, man könnte auch sagen, zum Glück – zum Glück sind wir clever genug, einfallsreich genug, um Dinge zu erfinden, damit wir auf diesem Planeten überleben können. – Und ehrlich, das ist doch der ganze Spaß – mit Fantasie die Welt an unsere Bedürfnisse anzupassen.

NINO Wir haben schon viel zu viel eingegriffen, verändert, gestaltet. Und wir reden nicht genug über das Wie – … als müssten wir demnächst aussterben, wenn wir einmal kurz innehalten –

ERIK Na ja, stell dir nur mal vor, es würde keine Medikamente geben, keine Krankenhäuser, keine industrielle Landwirtschaft, keine Verkehrsmittel, kein Benzin, keinen Strom – nur für ein paar Wochen – was da los wäre …

Pause.

NINO Wir reden total aneinander vorbei oder du willst mich nicht verstehen. Wir haben ein Leben – eins – und sterben, Erik. Wir sterben, so oder so, auch wenn du ein hochtechnologisiertes Leben hattest und fünfzehn Mal um die Welt geflogen bist und zwei Mal durch Krebstherapie gerettet wurdest – am Ende stirbst du.

ERIK Wieso redest du so gestört? Sollen wir die Technik abschaffen und alle zum Äquator ziehen –

NINO Ja, haha …

ERIK Was?

NINO Verdammt nochmal nicht alles zu machen, nur weil man es kann, und nicht alles haben zu wollen, nur weil es möglich ist. Darum gehts. Einfacher leben – …

ERIK Das ist so – … Bitte – … so superinfantil … superinfantiler Quatsch … entschuldige …

Schweigen.

NINO Du sagst, wir müssen mehr reden, mehr diskutieren, und dass du oft mutlos bist, aber du redest nicht – – – nicht mit mir. Du wiegelst mich ab. Du wiegelst mich immer nur – … so von oben herab … wie gerade … Du hast das Insiderwissen. Und verschließt dich in deiner Arbeit, deiner IT-Welt … deiner Entwicklerwelt … und bleibst für mich – unzugänglich. Ich weiß nicht mal genau, was du da machst –

ERIK Hab ich dir mehrmals versucht zu erklären –

NINO Jaja, Künstliche Intelligenz, superwichtig. Ich bin wahrscheinlich nur zu dumm, ums zu verstehen. Ich verstehs nämlich nicht. Ich versteh die Konsequenzen nicht. Dein infantiler Freund kapierts nicht, weil du mir nie etwas erzählst – mein Interesse ist konkret, mein Freund – nicht abstrakt! – So abartig kompliziert, dass man es nicht erklären kann, wirds ja wohl nicht sein – *Pause.*
Aber was genau wollen wir erreichen, mit KI zum Beispiel? Dass wir weniger arbeiten müssen – Dass alle mehr Geld verdienen –. Dass das Leben für jeden schöner und leichter wird, und was heißt das?
Oder wollen wir einfach sehen, wie weit wir es treiben können mit den Maschinen?

Schweigen.

NINO Hast du nicht auch manchmal den Eindruck, dass wir uns in hochtechnologischen Prozessen so verzetteln, dass wir die ganz einfachen Sachen nicht mehr gebacken kriegen –

Schweigen.

NINO Hm?

ERIK Nein. Im Gegenteil. Ich denke, dass hochtechnologische Prozesse dazu beitragen, dass wir Sachen schneller und einfacher gebacken kriegen.

NINO Wie zum Beispiel –

Schweigen.

NINO Du denkst, dass Nerds wie du die Welt retten können, oder?

ERIK Hm, eventuell. Wir arbeiten dran.

NINO Ernsthaft, ja. *Pause.* Rede mit mir, Erik, ich bitte dich –

Schweigen.

NINO Du und deine Kollegen, ihr schafft eine virtuelle Welt, die so groß ist, dass wir alle bequem darin Platz haben, und wenn wir uns schließlich dort eingerichtet haben, mit virtuellem Geld und Häusern und Avataren und mehreren Leben, dann kann man die reale Welt getrost abfackeln, ist das der Plan?

Schweigen.

ERIK Mit meiner Arbeit hat das nichts zu tun. Ich hab dir erzählt von dem Projekt. Robotik, als Begleiter und Hilfe für alte Menschen, erinnerst du dich nicht? Oder überhaupt für Leute, die alleine sind. Oder krank. Manchmal denke ich, du willst es gar nicht genau wissen. Aber immer Attacke, Attacke auf mich! Und wieso bedrängst du mich so? Warum muss ich mich rechtfertigen, wofür?
Pause.
Ich kann dir die Ziele auch nicht definieren. Ich glaube, die Ziele sind tatsächlich nicht definiert. Das gebe ich zu. Aber das liegt daran, dass sie zu komplex sind. Und die Möglichkeiten sich so rasend schnell weiterentwickeln –

NINO Mhm.

Schweigen.

NINO Ich hab mir übrigens was überlegt. *Pause.* Ich werde vielleicht den Job wechseln. Ich hab eine neue Berufsidee …

ERIK Du hast doch grad erst angefangen, da im Fahrradladen. Der wievielte Job ist das –

Pause.

NINO Findest du nicht gut oder was?
ERIK Weiß nicht. Kenn deine neue Berufsidee ja noch nicht –

Schweigen.

NINO Das hab ich übrigens nicht verstanden. Vorhin. Als du mich abgeholt hast –
ERIK Was denn –
NINO Das hab ich nicht verstanden, was du zu meinen Kollegen gesagt hast. Im Laden. Was war das. Was hast du gesagt –

Pause.

ERIK Ich hab gesagt, du musst dich eingewöhnen.
NINO Ja –
ERIK Du musst dich erst eingewöhnen. Das hab ich gesagt.
NINO Das waren andere Wörter –
ERIK Andere Wörter –
NINO Anpassen. – Ich glaube, du hast gesagt, er wird sich – nein, einfügen. Das wars –
ERIK Nee –
NINO Doch. Er wird sich noch einfügen.
ERIK Nein, da täuschst du dich. – Bestimmt nicht.
NINO Was meinst du damit – Was meinst du damit – Warum sagst du das – einfügen –Wohin soll ich mich einfügen? Wohin? Wohinein –

Pause.

NINO Erik, was passt dir nicht an mir? Was passt dir eigentlich nicht an mir?

Ein lautes Geräusch, Rumpeln, Krachen, ein leiser Schrei.

ERIK Was war das?
NINO *zuckt die Schultern*
ERIK Klang wie ein Schrei –

Sie lauschen.

ERIK War das im Treppenhaus? Ich geh mal nachsehen.

Er geht. Einige Momente. Kommt zurück.

ERIK Ruf den Notarzt. Frau Yamamoto ist die Treppe runtergefallen. Ich glaub, sie hat was gebrochen, kann nicht aufstehen, sie blutet – schnell schnell.

10 Nachbar

Am Küchenfenster.

FRAU *spricht am Telefon* er steht kaum still
er rennt immerzu durch die Wohnung
von einem Zimmer ins andere
meistens telefoniert er dabei
was
…
ja so wie ich jetzt
aber ich renne nicht rum
ich sitze hier auf meinem
…
also rein in ein Zimmer, raus
und wieder rein ins nächste
und so die ganze Zeit
hin und her
…
ich seh es, weil
ich genau von gegenüber
bei ihm ins Fenster
wenn ich hier stehe und koche
was
…
ja jetzt im Moment sitze ich hier
aber wenn ich koche, dann stehe ich
mein Küchenfenster geht genau
und ich seh
ich muss, ob ich will oder nicht
das ist ja das peinliche
und peinigend
peinigend

es macht mich wahnsinnig
nervös
weil was hat der
weil ich ihm ja nicht helfen kann
…
hin und her und raus und rein
dreht eine Runde, setzt sich hin, steht wieder auf
aber ohne Pause
verstehst du
ohne Pause
und auch sehr schnell
er schlendert nicht
nicht so ein Schlendern
so wie man beim Nachdenken schlendern würde
er läuft die ganze Zeit sehr schnell rum
hektisch
ein großes Tier im Käfig
…
hospitalistisch
genau
hospitalistisch wie eine Giraffe
Lacht.
er ist groß, ja
und eher so schlaksig
es macht mich wahnsinnig, du
ich sag dir
…
ja kannste mal kommen
schau es dir selber mal an
…
immer wenn ich grad frei hab
keine Schicht im Lokal
und selber beim Kochen

entspannen will
…
so manisch
manisch
ja keine Ahnung auf mich wirkt es so
…
aber eben alles andere wie ein Sumpf
…
er versinkt
er versinkt in den Sachen, die er da stapelt
nicht aufräumt
er räumt überhaupt nichts mehr auf
…
kann ich nicht so deutlich erkennen
alles halt
na, weil da im Prinzip nur noch
so schmale Wege frei sind
…
was weiß ich, Geschirr, Kartons, Möbel
Säcke mit Abfall, glaube ich
…
Essen –
ich weiß nicht, kann sein
…
bin ich jetzt überfragt
wie es riecht kann ich von hier nicht sagen
aber aussehen tut es übel
Messie, ja schon so die Richtung
…
wo schläft der überhaupt
frag ich mich manchmal
das eine Zimmer ist noch
da kann man sich drin aufhalten

da ist auch ein Sessel
da setzt er sich manchmal
bevor er gleich wieder
aufsteht und rumläuft
das Bett kann ich nicht sehen
…
er läuft in alle rein und raus
wo halt noch Platz is
…
Sonia, was soll ich machen –
soll ich nicht irgendwas unternehmen –
…
jemand anrufen
ich weiß auch nicht, wen
irgendein Amt vielleicht
damit sich jemand kümmert
…
Fürsorge hm hm
Telefonfürsorge
Seelsorge, ja, hm
…
Polizei
nein, um Himmels willen
…
Sozialamt
ob die sich –
was sag ich da –
…
nee klar, geht mich eigentlich nichts an
…
genau, ich bin die Voyeurin
oder mische mich in was ein
puh

…
nee ich kann da nich –
nee, nee, geht gar nich –
…
nee
…
nee nee
…
na ja ich seh den halt so durchs Fenster
…
klar is mir das peinlich
deswegen erzähl ichs dir doch
…
das macht man nicht –
wie, das macht man nich –
…
aber ich seh den, wenn ich aus dem Fenster
direkt gradeaus über die Straße
dann seh ich das
…
nee, hat keine Vorhänge
ich kann auch schlecht rübergehen und sagen
machen Sie mal bitte Vorhänge
damit ich Sie nicht sehen muss
Lacht.
…
Lacht.
…
nee nee
…
ich soll Vorhänge
Lacht.
…

Sonia, was soll –
…
nein, wieso soll ich mich denn
einschließen, alles zumachen
ich will doch auch raussehen
…
du findest mich nervös
…
das hast du mir nie gesagt
…
du findest mich nervös, und ich soll mir
was
…
blickdichte
blickdichte Vorhänge
…
oder einfach abwarten
…
ja
okay
…
die Feuerwehr
die Feuerwehr wäre gut vielleicht
…
findest du nicht
gut
lieber nicht
…
nee, Hund oder Katze oder so
hat er nicht, glaube ich
kein Tier
quält nur sich selbst
Versucht zu lachen.

…
er ist ganz allein
…
Sonia, da ist kein Tier
…
ach, für mich –
ich soll mir Hund oder Katze –
wie kommst du jetzt
…
keine Feuerwehr
gut, hab ich verstanden
JA
…
du findest mich nervös
aber ich hab doch nur
wieso auf einmal
…
mhm
ja, klar
klar, verstehe
…
Johanniskraut Baldrian
…
wart mal
das müsst ich mir aufschreiben
Melisse Hopfen
…
ja, klar
…
hm hm ja gut ja
oder abends mal ein Bier
oder zwei
…

ja
…
jaja
…
klar
mach ich
bis bald
tschüss dann

Legt auf.

11 Erinnerung

Im Schwimmbad am Beckenrand.

KIND Wohin geht jemand, wenn er gestorben ist?

Schweigen.

KIND Wieso antwortest du nicht –. Wohin geht ein Mensch, wenn er gestorben ist?
MANN Normalerweise, also normalerweise wird er bestattet.
KIND Was ist bestattet?
MANN Manchmal wird jemand begraben, manchmal verbrannt. Eingeäschert, heißt das.

Pause.

KIND Bleibt dann gar nichts übrig? Sag! Bleibt nichts übrig – heißt das, es bleibt nichts übrig?

Schweigen.

MANN Ich weiß es nicht.

Pause.

KIND Wenn Onkel Luca stirbt, bleibt nichts von ihm übrig?
MANN Wie kommst du darauf? *Pause.* Luca ist sehr lebendig.
KIND Du lügst. Er stirbt, ganz bald, das hat er selber gesagt. Er hat Lungenkrebs. Alle wissen es. Und alle warten darauf.

Pause.

KIND Du hast meine Frage nicht beantwortet.

Pause.

MANN Wir gehen zum Grab und erinnern uns. Ich glaube, das ist es, was übrig bleibt. Die Erinnerung. *Pause.* Du wirst dich an Onkel Luca erinnern. Was er getan hat. Wie du mit ihm geredet hast. Welche Bücher er dir vorgelesen hat. Was ihr gespielt habt –

KIND Das Seemannsknotenspiel.

MANN Das Seemannsknotenspiel. … Wie er gerochen hat …

KIND Wie er gelacht hat. Und mich geärgert … Er lacht so … *Versucht es nachzumachen.* … So lacht er … *Neuer Versuch.* … Ein bisschen wie eine Hyäne …

MANN Woher hast du den Ausdruck …?

KIND Das sagt der Mann immer, der Mann in der Kneipe. Der Luca lacht wie eine Hyäne …

Kleines Lachen.

MANN Weißt du denn, was eine Hyäne ist?

KIND Ja – ein superhässliches Raubtier, so hässlich sehen die aus … und die springen so rum … total gruselig … – Onkel Luca ist eine Hyäne, wenn er lacht.

Kleines Lachen.

MANN Alles das bleibt. Das ist eine ganze Menge. Alles das bleibt. Solange du dich erinnerst. Ich glaube, in diesen Erinnerungen verbirgt sich die Seele. Die Seele von Luca, wie wir ihn gekannt haben.

Pause.

KIND Die Seele einer Hyäne.

Schweigen.

KIND Da muss ich mir sehr Mühe geben. Mich sehr anstrengen. Immer –

MANN Was meinst du?

KIND Damit ich nichts vergesse. – Sonst würde doch etwas verloren gehen von seiner Seele.

Pause.

MANN Ja, wahrscheinlich. – Aber du bist ja nicht allein. Es gibt viele, die sich erinnern, verstehst du. Die Erinnerungen werden zusammengetragen und weitergereicht. Vielleicht erzählst du eines Tages deinem Kind von einem Mann, der Luca hieß, und der gern segeln ging und angeln. – Du musst dir keine Sorgen machen. – Die Seele von Onkel Luca ist riesengroß.

Schweigen.

KIND Und außerdem ist er ja noch da.

MANN Ja. – Luca ist noch da.

12 Gott spüren

Am Flussufer.

ANGLERIN 2 Was soll da sein
Da is nichts
ANGLERIN 1 Weil ihr den Gott
nicht sehen könnt
Ihr
könnt ihn nicht
sehen
ANGLERIN 2 Aber du
Du schon
ANGLERIN 1 Ich auch nicht
ANGLERIN 2 Was redest du dann

Schweigen.

ANGLERIN 1 Sehen nich
Erkennen nich
Sowas wie Offenbarung
Nee nee
soweit bin ich nich
Aber – ich spür
da is was
Das spür ich
dass da was is
Pause.
Das is ein ganz starkes Gefühl
ANGLERIN 2 Du bist ne Spinnerin
Warste immer schon

Schweigen.

ANGLERIN 2 Was soll da sein
Da is nichts
Nur du und ich
ANGLERIN 1 *lacht* Nee nee
Das weiß ich genau
Das wär ja mager
Nur du und ich
Das hättste wohl gern
Lacht.
ANGLERIN 2 Nur du und ich
Sonst nichts
Niemand sonst
niemand außer uns

Schweigen.

ANGLERIN 2 Ich glaub, da beißt einer

Pause.

ANGLERIN 2 Nee, doch nich

Schweigen.

ANGLERIN 2 Niemand sonst
niemand außer uns
ANGLERIN 1 Wir sind nich alleine
Manchmal fühlt sichs so an
Geb ich zu
Aber wir sind nich alleine
hier unterwegs
ANGLERIN 2 Mir is schon klar
dass wir nich alleine sind
auf der Welt

und wir leben auch nich auf ner Insel
Pause. Lacht.
Stell dir mal vor
Robinson und Freitag

Pause.

ANGLERIN 1 Da sprichste was an
Pause.
Das waren auch zwei so Angler

Pause.

ANGLERIN 2 Allerdings

Pause.

ANGLERIN 1 Du spürst es doch
Kannst es ruhig zugeben
Musste dich nich für schämen
ANGLERIN 2 Was jetzt
ANGLERIN 1 Na dass wir nich alleine sind
Dass da was is
außer dir und mir
außerhalb von uns
ANGLERIN 2 Nee spür ich eben nich
Aber kannste dir natürlich
alles einreden

Schweigen.

ANGLERIN 2 Da, ich glaub, es beißt einer

Pause.

ANGLERIN 2 Nee, doch nich

Schweigen.

ANGLERIN 1 Das is schade irgendwie
dassde mir nich glauben tust
Dassde mir nich glauben tust
und dassde nich – glauben tust
Lacht ein bisschen.
ANGLERIN 2 Jaja
Lacht auch ein bisschen.
Ich gönn dir alles
Alles, sag ich
Nenns wie du willst
Heiliger Geist meinetwegen
Aber nerv mich bitte nich

Schweigen.

ANGLERIN 1 *eher zu sich selbst*
Dass wir nich alleine sind
Pause.
Genau so isses
Und das is so ein schönes Gefühl
das kann ich gar nich beschreiben
Dafür bin ich dankbar
dass ich das spüre
Genau so isses
Genauso fühlt es sich an
Tiefe Freude
Da is was
außer mir
Ganz außer mir
Immer

Ich spür das
Und gleichzeitig
in mir
Und doch ganz
außer mir
Gleichzeitig
in mir und außer mir
Pause.
Tiefe Freude
kommt zu Besuch
Immer spür ich das
dass außer mir
was ist

Schweigen.

ANGLERIN 1 Das ist ein ganz starkes Gefühl
Pause.
Is einfach so da –
Schweigen.
ANGLERIN 2 Mhm
Schön für dich

Pause.

ANGLERIN 1 Ganz genau

13 Anfang

In der leeren Wirtschaft.

NINO Ich hab Erik die Augen verbunden
und bin mit ihm eine Weile
durch die Straßen gefahren
damit er keine Orientierung hat
Dann vor dem Haus
Ich hab die Tür aufgeschlossen
und ihn an der Hand genommen
Ich immer nur
Vorsicht Vorsicht Warte Warte
ERIK Es fühlt sich kühl an
wie in einer Grotte
NINO Warte warte
Bleib hier stehen
Tu dir nicht weh
ERIK Sowas hast du
lange nicht mehr gemacht
NINO Haben wir
lange nicht mehr gemacht
Ich lotse ihn in die Mitte des Raums
Warte
ERIK Es riecht nach –
Holzofen und kaltem Rauch
NINO Ein bisschen Geduld
Nicht schummeln
Ich zieh die Rolläden hoch, ok
Pause.
Ich seh im Dunkeln auch kaum
Taste mich zum ersten Fenster
Auh am Tisch gestoßen

ERIK *lauscht* Du und deine
albernen Einfälle
Lacht.
NINO Du meinst diese superinfantilen
Überraschungsspiele
bei denen du schon ahnst
was passieren wird
Aber hier haben wir
nichts, was du erwarten könntest
Pause.
Und dann nehm ich ihm
die Augenbinde ab

Pause.

ERIK Ein kleiner Raum, holzgetäfelt
Tische, Stapel von Stühlen
ein Tresen

Pause.

NINO Was denkst du
ERIK Eine abgetakelte Wirtschaft
Pause.
Ganz schön abgetakelt
Pause.
Was machen wir hier

Pause.

NINO Hm, überleg mal
Sieh dich in Ruhe um
lass dir Zeit

Pause.
Beim dicken Bauch des –
wie heißt er noch –
Lukullus –
Lacht.

Pause.

ERIK *lacht* Damit hab ich jetzt nicht gerechnet
Das ist die neue Berufsidee

Pause.

NINO Was meinst du
Pause.
Es gefällt dir nicht
ERIK Na ja, es ist klein
Es ist alt
Es ist ziemlich runtergekommen
Pause.
Nein, es gefällt mir nicht
Pause.
Aber das ist auch völlig egal
Für dich muss es passen
NINO Aber
ohne dich
geht es nicht
Ohne dich
kann ich nicht
ERIK Du meinst es ernst

Pause.

NINO Ich habs gemietet
Ich will hier kochen
Das wird unser Restaurant
ERIK Mensch Nino
Du hast vielleicht Nerven
Ich bin kein Wirt, Nino
Ich bin kein Gastgeber
und werde nie einer sein
NINO Das sollst du auch nicht
Den Wirt mach ich allein
den Wirt den Koch
Aber ich brauch deine Hilfe
für die Webseite
den Speiseplan
das Organisatorische
ERIK Die Kalkulation
NINO Die Kalkulation
die Abrechnung

Schweigen.

ERIK Also gut
Ich helfe dir
Pause.
Immerhin
ist es hell
und sonnig
NINO Es wird fantastisch werden
Eine richtig miese kleine
Spelunke
Lacht.

Schweigen.

ERIK Ich helfe dir
Pause.
Wann willst du anfangen
NINO Sofort –
ERIK Und wie willst du ihn nennen
deinen Traum
NINO Sole mio
ERIK Ernsthaft –
Lacht.
NINO Ja, wirklich, Sole mio
Schließlich war sie der Auslöser
Wegen Frau Yamamoto hab ich angefangen
drüber nachzudenken
über Essen und Kochen
und – meine wahren Talente
Lacht.
Komm, ich zeig dir das Schild –
ich hab ein Schild machen lassen –
Und warte –
das Beste ist –
das ist wirklich toll –
Es hat einen kleinen Hof
Schau, ein winziger Garten
Wir können da eine Terrasse machen
mit zwei oder drei Tischen
ERIK Fast eine Oase
Was

14 Diebin

Im Sprechzimmer.

MANN Wie geht es Ihnen heute?
FRAU Gut, danke. – Ganz gut, würde ich sagen.
MANN Sie wirken ziemlich außer Atem.
FRAU Ja, ich bin das ganze Stück von der U-Bahn bis hierher gelaufen.
MANN Sie sind sogar zu früh da.
FRAU Ich habe mich darauf gefreut, Sie zu sehen. Mir ist es jetzt eingefallen.
MANN Was meinen Sie?
FRAU Das erste Mal – Ich sollte Ihnen erzählen, wie ich das erste Mal etwas gestohlen habe. Und ich wusste es nicht mehr. Aber jetzt ist es mir eingefallen.
MANN Ich bin neugierig.
FRAU Es war in der Zeit, als mich meine Mutter zu verschiedenen Männern geschickt hat, Sie wissen schon. Und jeden Dienstag musste ich zu einem Typen, der war blind. Ich sollte es ihm französisch machen, ich hab es ihm französisch gemacht, er hat mir einen Geldschein gegeben. Er nahm die Scheine aus einer Kommode im Schlafzimmer neben seinem Bett. Die oberste Schublade, das weiß ich noch genau. Ich habe versucht, ihn zu betrügen; ich wollte die Schublade heimlich öffnen und sehen, wieviel Geld darin war, und wieviel ich nehmen könnte, ohne dass er es merkte. Ich hätte nicht alles genommen, damit ich wiederkommen könnte und immer wieder etwas mitnehmen. Ich wollte nicht, dass die Quelle versiegte. *Pause.* Aber der Blinde war hellhörig und ertappte mich beim ersten Versuch – das leise Geräusch beim Aufziehen der Schublade ließ ihn herumfahren und nach meinem Handgelenk schnappen – seine Finger waren stark wie die von

einem jungen Ringer. Er hob seine Nase, kam ganz nahe an mein Gesicht und schnüffelte, was er noch nie getan hatte. Er leckte an meiner Hand, was er noch nie getan hatte. Einer, der Witterung aufnimmt – und von da an musste ich es ihm umsonst machen. Alle die Male, bis ich nicht mehr zu ihm ging.

MANN Wie hat es aufgehört?

FRAU Ich habe meiner Mutter gesagt, dass ich ihn nicht leiden kann. Das wars.

MANN Haben Sie den Versuch bereut? Oder hatten Sie ein schlechtes Gewissen, einen Blinden bestehlen zu wollen?

FRAU Sie sind lustig. Natürlich nicht. Ich war minderjährig, und er war ein Freier. Ich hatte absolut keine Skrupel, im Gegenteil – ich hätte ihn gerne richtig ausgenommen.

MANN Denken Sie heute genauso?

FRAU Ja.

MANN Aber Sie haben es nicht aus moralischen Gründen getan, Sie wollten ihn nicht bestrafen?

FRAU Nein.

MANN Warum wollten Sie ihn bestehlen.

FRAU Ich verstehe – … Sie meinen, ob ich mich ihm überlegen fühlen wollte – … Hm. Ja. Kann sein. – Natürlich, es wäre ein kleiner Triumph gewesen.

Pause.

MANN Sie sind sich nicht sicher.

FRAU Nein. – Das war nicht der Grund. Ich wäre weggelaufen, damals. Ich wollte das Geld, um fortgehen zu können.

MANN War denn so viel in dieser Schublade?

FRAU Sie denken sehr konkret, manchmal, was? – Es war immens viel.

MANN Wissen Sie das oder ist es eine Vermutung? Weil es Ihnen als Kind vorgekommen ist wie ein versteckter Schatz?

FRAU Zuerst habe ich es nur vermutet, man entwickelt so einen Instinkt, nicht wahr – … Aber dann wusste ich es.
MANN Woher?

Schweigen.

FRAU Ich musste es laut zählen. Nachdem er mich erwischt hatte. Schein für Schein. Es waren mehrere Bündel. Er war ein verdammter Sadist.

Pause.

FRAU Sie glauben mir nicht?
MANN Warum sollten Sie lügen?

Pause.

FRAU Und am Ende sagte er: Das alles bekommst du – nicht. Du bekommst gar nichts. Und du wirst von jetzt an umsonst für mich arbeiten – nein, das sagte er nicht, er sagte, du wirst mich umsonst bedienen. *Pause.* Ja, bedienen hat er es genannt, der Abschaum.
MANN Er hat Sie also erpresst.
FRAU Wenn ich es meiner Mutter erzählt hätte, dann hätte sie sofort gewusst, dass ich das Geld wollte, um abzuhauen. Meine Situation wäre noch auswegloser geworden.
MANN Wie lange ging das so?
FRAU Wie lange ich zu ihm musste? – Weiß nicht mehr genau … fünf, sechs Monate vielleicht.
MANN Erinnern Sie sich.
FRAU Ist das wichtig – … Es dauerte einen ganzen Sommer. Von März bis … von April bis September. Ziemlich genau fünfeinhalb Monate. Dann dachte er wohl, dass meine Schuld abgetragen ist.

MANN Ist das Ihr Wort – Schuld?

FRAU *lacht* Im Ernst – nein … Das ist Zynismus. *Lacht.*

Pause.

MANN Hat er Sie weggeschickt?

FRAU Nein, aber ich merkte, dass er das Interesse an mir verlor. Dass keine Gefahr mehr bestand, er würde die Sache mit dem Geld verraten.

MANN Aber Sie haben nichts bei ihm verdient, was hat Ihre Mutter dazu gesagt?

FRAU Sie hat es nicht gemerkt, ich habe es immer kompensiert. Also im Prinzip hab ich drauf gezahlt, was diese Sache mit dem Blinden betrifft.

MANN Hat Sie das wütend gemacht –

FRAU Manchmal können Sie echt Fragen stellen. Denken Sie, ich war ein zufriedenes Kind?

Pause.

MANN Verzeihung. Nein, natürlich nicht.

FRAU Rache an der ganzen Welt – Rache an der ganzen Welt, habe ich jahrelang geplant.

Kleines Lachen.

FRAU Das nehmen Sie jetzt nicht ernst.

MANN Ich nehme alles ernst. – Aber Sie haben nichts davon, wenn Sie mir etwas vormachen.

FRAU Ihre Disziplinierungsversuche sind ein richtig übler Zug an Ihnen. Kein Funke Humor.

Schweigen.

MANN Irgendetwas stimmt nicht mit Ihrer Geschichte. – Sie haben immer betont, wie kontrollsüchtig Ihre Mutter war. Wie sie Ihnen das Geld abgenommen und nachgezählt hat; dass sie Ihnen manchmal eine Goldmünze schenkte und später zur Strafe wieder wegnahm, undsoweiter – … So wie Sie es früher beschrieben haben, halte ich es für ausgeschlossen, dass Sie fast ein halbes Jahr lang Einkünfte vortäuschen konnten oder kompensieren, wie Sie es nennen, die Sie nicht hatten. – Ich frage mich also, warum Sie mir diese Geschichte erzählen, die offensichtlich nicht wahr ist.

Schweigen.

FRAU Wissen Sie es denn?

Pause.

MANN Sie sind inzwischen sehr wohlhabend. Finanziell völlig unabhängig –

FRAU Nicht so schamvoll. Nennen Sie es ruhig – reich.

MANN Sie haben mir gesagt, Sie haben immer noch den Drang zu stehlen.

FRAU Nicht ganz richtig. Ich habe bei jedem meiner Geschäfte das Gefühl zu stehlen, so wird ein Schuh draus. Auch wenn das ganz normale, legale Geschäfte sind. Sogar ohne Steuertricks. Fast ohne Steuertricks. Ich glaube, es ist prinzipiell Unrecht, so unmäßig viel Geld zu besitzen wie – unsereins. Obwohl ich spende ohne Ende undsoweiter undsoweiter. – Unanständig und verwerflich. Ich fühle mich also ständig im Unrecht. Jeden Tag. Erklären Sie das mal jemandem. *Pause.* Wenn mich jemand ansieht wie eine Diebin, fühle ich mich erkannt. Und irgendwie auch verstanden. Es ist absurd. – Und deswegen möchte ich stehlen, Kleinigkeiten, um erkannt zu werden. Durchschaut. Durchschaut und verstanden.

MANN Was ist mit Ihrem geschiedenen … Ihrem Ex-Mann? Fühlten Sie sich von ihm nicht erkannt?

FRAU Nein. – Er wusste nicht viel über mich. – Gehört das hierher?

Pause.

FRAU Ich möchte nicht die sein, bei der das Geld in der Kommode liegt. Wie bei dem Blinden. *Pause.* Würden Sie das wollen?

MANN Das tut nichts zur Sache.

FRAU Ist das die Frage … bin ich der blinde Mann? … Bin ich der blinde Mann geworden? *Pause.* Was meinen Sie?

MANN Die Zeit für heute ist um.

15 Marmolata

In der Klinik. Frau Yamamoto träumt, sie ist beim Bergsteigen. Nino/Luciano mit einem Bergsteigerseil.

NINO/LUCIANO *leise* Mamma!
Mamma!
Sole! Sole!
FRAU YAMAMOTO Luciano –
Was machst du hier –
NINO/LUCIANO Ich hab dich gesucht
Ich hab dir ein Seil mitgebracht
Du musst es dir umbinden
Ich zeigs dir, so

Er bindet Frau Yamamoto das eine Ende des Seils um den Leib und gibt ihr das andere in die Hand.

NINO/LUCIANO Halte das Ende gut fest
FRAU YAMAMOTO Was willst du machen
Wo willst du hin
So bist du gar nicht gesichert
NINO/LUCIANO Ich klettere
Ich klettere wie ein Tier
Ich klettere nach oben
auf die Marmolata
Ich klettere
um ein Tier zu werden
Ich klettere

Ich wäre am liebsten
ein Tier

Oder ein Vogel auf dem Wind
über den Berggipfeln

FRAU YAMAMOTO Verstehst du
dass mich das deprimiert

NINO/LUCIANO Nein

FRAU YAMAMOTO Bedeutet das
du bist nicht gern
ein Mensch

NINO/LUCIANO *zuckt die Schultern* Weiß nicht
Ich kenne nichts anderes
Deutet nach oben.
Ich klettere
Ich klettere jetzt da hoch
Du darfst das Seil nicht loslassen
Aber wenn ich es dir sage
dann musst du springen

FRAU YAMAMOTO Springen –

NINO/LUCIANO Ja, springen –
Er deutet. Da hinunter
durch die Steilwand
Hast du verstanden

FRAU YAMAMOTO *wiederholt* Bedeutet das
du bist nicht gern
ein Mensch

NINO/LUCIANO *zuckt die Schultern* Weiß nicht
Pause.
Ich bin eben nicht so wie die anderen
Vermute ich
Das ist ein Problem

FRAU YAMAMOTO Für wen?

NINO/LUCIANO Für mich, glaube ich
Pause. Leise.
Hier zu sein ist schon okay

Ich bin ganz gerne hier
Bei dir

FRAU YAMAMOTO Dann bleib einfach
noch ein bisschen
Bleib noch ein bisschen
bei mir
Bleib
bei mir

Pause.

NINO/LUCIANO Ja
Bleib einfach noch
ein bisschen
bei mir
Bleib
bei mir

16 Freunde zum Abschied

In der Klinik.

MILENA Wie lange dauert so eine Operation? Ist sie gefährlich? Haben Sie keine Angst vor dem Tod?

FRAU YAMAMOTO Wer sagt das –. Doch. Ich habe furchtbare Angst.

Schweigen.

FRAU YAMAMOTO Nicht so sehr vor dem Sterben. Das tut vielleicht weh. Aber es geht vorbei. *Lacht ein bisschen. Pause.* Ich habe große Angst vor dem, was danach kommt.

MILENA Was glauben Sie denn – Was wird das sein?

FRAU YAMAMOTO Ich glaube eben – nichts. Nichts wird sein. Einfach nichts. *Pause.* Ich werde nichts erleben, und davor habe ich Angst.
Ein Paradoxon.
Die Vorstellung, dass es mein Bewusstsein nicht mehr gibt, davor habe ich Angst.
Nicht mehr zu sein.
Ausgelöscht. – Das kann man sich nicht vorstellen, wie das ist.
Das kann *ich* mir nicht vorstellen. Nicht zu sein.
Wir verstehen den Tod ja nicht. Wir verstehen nicht, was der Tod ist.

Pause.

MILENA Was kann man da machen.

Pause.

FRAU YAMAMOTO Ich fände die Vorstellung wunderbar – hilfreich –, dass ich meinen Körper zurücklasse, und mein Geist einen neuen Ort findet, in dem er aufgehoben ist, in irgendeiner Form. Aber das ist natürlich nur ein Wunsch.

NINO Was für einen Ort meinen Sie?

FRAU YAMAMOTO Es könnte ein See sein, ein Fels, ein Bach, ein Baum, ein Stein, ein Wacholderstrauch – … vielleicht ein Fisch. *Pause.* Ja, ich könnte ein Fisch sein. Aber das ist natürlich nur ein Wunsch.

MILENA Eine Verwandlung – Aber Sie müssen sich so verwandeln, dass wir Sie wiederfinden können – bitte …

FRAU YAMAMOTO *lacht*

NINO Was meinen Sie, Sole – Könnte es auch ein kleines Lokal sein. So etwas Banales wie eine Suppenküche – die Ihren Namen trägt, Sole mio …?

FRAU YAMAMOTO *lacht sehr* Das ist eine ganz neue Idee. Darüber hab ich noch nie nachgedacht. Ich glaub, ich träume –

MILENA Aber erstmal kommen Sie wieder nach Hause – Sie werden operiert, der Tumor wird entfernt, und Sie kommen wieder nach Hause …

FRAU YAMAMOTO Nein, ich denke nicht. – Ich komme in irgendein Heim, vielleicht. Irgendwohin. Falls ich wider Erwarten noch länger – … Da wird es Roboter geben. Roboter, die sich um mich kümmern. Aber wir werden sie nicht so nennen, nicht wahr. Man wird einen anderen Ausdruck finden. Irgendwas Beschönigendes. Darin sind wir ja Meister, im Beschönigen. *Schweigen.* So was wie … Freunde zum Abschied. *Lacht leise.* Freunde zum Abschied. – Oder so ähnlich.

17 Fische sterben

Am Flussufer.

ANGLERIN 1 Hast du sowas
schon mal gesehen
ANGLERIN 2 Noch nie

Schweigen.

ANGLERIN 2 Noch nie
ANGLERIN 1 Dito
ANGLERIN 2 Dito?
ANGLERIN 1 Ich auch nich

Schweigen.

ANGLERIN 1 Was denkst du?
ANGLERIN 2 Weiß nich
Vielleicht chemische Rückstände

Pause.

ANGLERIN 1 Könnte alles
mögliche sein
ANGLERIN 2 Nee –
Neeneenee –
Da is Gift im Spiel
Das is mal sicher
ANGLERIN 1 Wer macht sowas –
Wer bringt das fertig –
ANGLERIN 2 Was glaubste –
Verbrecher eben
Kriminelle

Kriminelle
Kein Gewissen
ANGLERIN 1 Und der Gestank –

Pause.

ANGLERIN 2 Könnt ich heulen
ANGLERIN 1 Nee – brennende Wut
Brennende Wut –
ANGLERIN 2 Da kommt Luca
ANGLER Ich war grad am Hafen
Die hab ich rausgeholt –
Zeigt seinen Eimer mit Fischen.
ANGLERIN 1 Wo willst du hin –
Wohin damit –
ANGLER Weiß nich

Schweigen.

ANGLER Dachte
es ist besser
ich hol sie raus

Schweigen.

ANGLER An der Schleuse
hab ich auch welche gesehen
und weiter flussaufwärts
Bis zur Steinernen Brücke
Und dahinter –
ANGLERIN 1 Hat jemand was
in den Fluss geleitet –
ANGLER Weiß niemand

Schweigen.

ANGLERIN 2 Was machen wir jetzt –
ANGLERIN 1 Warten
bis jemand kommt
Pause.
Können wir helfen

Pause.

ANGLER Wir bräuchten
Netze
ANGLERIN 2 Boote
Boote bräuchten wir

Pause.

ANGLERIN 1 Machstn
mit dein Eimer –
ANGLER Weiß nich

Pause.

ANGLER Ich hab gedacht
jemand will die
untersuchen
eventuell
ANGLERIN 2 Ja
Bestimmt
Pause.
Gute Idee
ANGLERIN 1 Wen meinste –
Wasserwirtschaftsamt
ANGLERIN 2 Das machen die

Schweigen.

ANGLER Das war mal
der schönste
ANGLERIN 2 Ja –
ANGLER Der schönste Fluss
ANGLERIN 1 Der wunderschönste

Pause.

ANGLERIN 2 Denkt mal
die ganzen Barsche
die wir da rausgeholt haben
ANGLERIN 1 Rotaugen
ANGLERIN 2 Saiblinge

Pause.

ANGLER Brachsen
ANGLERIN 2 Schleie
ANGLERIN 1 Barben
ANGLERIN 2 Äschen
ANGLERIN 1 Zitterflunder
ANGLERIN 2 Grüne Maränen
ANGLERIN 1 Gesprenkelte Elritzen
ANGLERIN 2 Kleine Hammerforellen
ANGLERIN 1 Steinflitzer
ANGLERIN 2 Moosplunke
ANGLERIN 1 Weißschuppenschnorchler
ANGLERIN 2 Streifenflosser
ANGLERIN 1 Kleinwelse
ANGLERIN 2 Goldseidenbarsche
ANGLERIN 1 Schlammpeitzger

ANGLERIN 2 Dreiflossenschwimmer
ANGLERIN 1 Zweibärtige Gründler
ANGLER Hechte

Pause.

ANGLERIN 2 Was –
ANGLER Und die Hechte –
ANGLERIN 1 Hechte, hier ?
ANGLER Die Hechte –
die waren auch immer
sehr zahlreich
ANGLERIN 1 Nee – Hier nich –
ANGLER Nee?
ANGLERIN 1 Nee
Hier gabs noch nie Hechte
ANGLER Ich dachte
ich hätte mal
Aber ich hab hier doch
Pause.
Nee?
ANGLERIN 2 Nee –
Hechte haben wir hier
nie gesehen

Schweigen.

ANGLERIN 2 Die werden jemand schicken
Oder
ANGLERIN 1 Klar
Muss ja

Pause.

ANGLERIN 1 Der grüne Schleim
auf den Leibern –

Schweigen.

ANGLER Ich kann das nich sehen
Ich geh nach Hause
Mir gehts nich gut
Seid mir nich böse

Luca lässt den Eimer stehen und geht.

ANGLERIN 2 Warte mal, Luca –
Warte mal –
Pause.
Ich komm mit –
ANGLERIN 1 Ich bleib noch
Da kommen sicher bald Boote
Mit Netzen
ANGLER Gut dann
Wir hören uns –
ANGLERIN 1 Bis dann –

Angler und Anglerin 2 gehen.

ANGLERIN 1 *sieht den Eimer* Luca, he –
Dein Eimer – –

Die beiden hören nicht mehr. Anglerin 1 sieht ihnen hinterher, wartet. – Nimmt den Eimer, kippt die Fische zurück in den Fluss, und geht dann in die andere Richtung.

18 Sole

Auf dem Friedhof. Frau Yamamoto wird beigesetzt.

MANN *mit einem Haufen Zettel*
Wenn Sie erlauben
Ich habe ein Gedicht geschrieben
für Frau Yamamoto

Liest.
Frühling

Das Alte ist vorbei
Das Neue kommt herbei
…
…

Oh herrje
Um Himmels willen
Das ist
das tut mir sehr leid
tut mir sehr leid
Das ist das falsche
Einen Moment bitte

Sucht in den Zetteln.

So, jetzt
jetzt bitte
Entschuldigung

Liest.

Sole
Du warst die Sonne
Du warst der Mond
Du warst die Sterne
und der Raum dazwischen
Wir werden dich vermissen

Sole
Eine Weile warst du unter uns
Jetzt bist du fortgegangen
Wir sind traurig und gefangen
in der Zeit, die uns noch bleibt

Sole
Dein Lachen war – – – – –
…
ein Klang aus einem andern – – – –
Land – – – –
nein – – – – –
wild – – – – und von weit her – – –
Wenn du manchmal an uns denkst
schick uns dein – – – – –
Lachen durch den Äther – – –
– – –
Entschuldigung
es ist
Ich kann diese Strophe
nicht lesen, sie ist –
sie ist ganz
die Zeilen sind verlaufen
irgendwie nass geworden
Entschuldigt
bitte

…

Sole
Wo du jetzt bist
das können wir nicht wissen
Deine Seele lebt in unseren Seelen weiter
Wir werden dich vermissen

Ab.

Frau Yamamoto hat sich für die Trauerfeier ein Lied gewünscht, Red Sun *von Neil Young.*

19 Bitte nicht löschen

An der Landstraße.

MANN Ich bin auf der Landstraße gefahren, es war früher Abend, Dämmerung. Vor mir ein Auto am Straßenrand. Den Warnblinker an. Ich fahre langsam dran vorbei, die Fahrerin stellt grade das Warnschild an die Straße, die Motorhaube steht offen, Rauch quillt aus dem Innern. Ich halte an, gehe zurück – Brauchen Sie Hilfe –

FRAU Neinnein. Alles in Ordnung.

MANN Im Motorraum züngeln Flammen, blau und noch klein. In einer heroischen Geste greife ich nach der Kühlerhaube, will sie zuschlagen, die Frau fällt mir in den Arm –

FRAU Lassen Sie das –

MANN Ich habe eine Decke im Auto, mit der können wir das Feuer noch löschen, jetzt.

FRAU Lassen Sie das.

MANN Sie ist ganz ruhig, erstaunlich, und dann zieht sie mich weg, ein paar Meter auf das Feld.

FRAU Lassen Sie es brennen –

MANN Sie verschränkt die Arme und deutet mit dem Kopf in Richtung ihres Autos, wo sich das Feuer gerade sehr schön entwickelt. Ich mache eine konsternierte Handbewegung, und die Frau, ernst –

FRAU Ich glaube, es ist ein Kurzschluss. Nur ein Kurzschluss. Das ist mir schon mal passiert. Da habe ich so reagiert wie Sie grade eben. Geistesgegenwärtig. Und bin auf dem Schaden sitzen geblieben. Wenn wir jetzt löschen, zahlt die Versicherung nicht. Den Fehler mach ich nicht nochmal. Nur so verschmorte Kabel und bisschen angekokeltes Metall bringt null. Ich muss es brennen lassen. Es muss ein richtiges Feuer geben.

MANN Ich weiß nicht, wie ich reagieren soll.

FRAU Es muss ein richtiges Feuer geben, alles muss brennen, es muss brennen, bis nichts mehr da ist.

MANN Und dann –

FRAU Dann bekomme ich Geld für ein neues Auto.

MANN Aus dem Motorraum lodert inzwischen ein ordentliches Johannisfeuer gen Himmel, es ist dunkel geworden, wir stehen am Feldrand und rauchen ein paar Zigaretten. Es weht kein Wind, wir atmen den Rauch des Feuers ein wie zur Strafe und weichen der Hitze nicht aus, die die Haut vorübergehend fiebrig werden lässt. Stumm sehen wir zu, wie das Feuer größer wird, das Auto unter ihm glüht und schwarz wird und allmählich von den Flammen zerfressen wird. Es dauert lange, es dauert sehr lange.

Aber ich bleibe nicht bis zum Ende.

Zur Frau.

Ich fahr dann mal –

Pause.

Ich hätte ihr Glück wünschen sollen, damit es dieses Mal klappt. Und die Versicherung zahlt. Und dann – Alles neu. Alles neu. Alles neu.

20 Ihr Schwein

Im Sole mio. Jemand hat versucht, eine Scheibe einzuwerfen – da ist jetzt ein splitternder Stern. Auf die andere Scheibe wurde IHR SCHWEIN gesprüht. Drinnen Nino, allein. Erik kommt.

ERIK Was ist das
Was ist das
da draußen
NINO Ich hab schon
die Polizei angerufen
Sie schicken jemand
ERIK Hat jemand
eingebrochen
NINO Nein, ich glaube
sie waren nur draußen
Ich hab nichts verändert
So sieht es aus
Bin seit ner halben Stunde hier
ERIK Und das da
IHR SCHWEIN
Was soll das heißen
Ihr Schwein –
NINO Ich hab nicht die leiseste
ERIK Wieso IHR SCHWEIN
fehlt da ein e
hat jemand da ein e vergessen
Ihr Schwein – e?
NINO Erik, bitte –
ERIK Und wieso
wen meinen die
hast du Feinde
NINO Ich weiß es nicht

ERIK Seit wann hast du Feinde
Haben wir
Feinde
NINO Ich warte auf die Bullen
vielleicht finden die
irgendwas

Pause.

ERIK Nino, hast du dran gedacht
du musst die Dings
von der Speisekarte nehmen
den Fisch den Saibling
NINO Ja, das hab ich doch längst –

Pause.

NINO Hör mal Erik
das ist vielleicht nicht der günstigste
aber
Ich muss dir was
Pause.
Ich hab mit dem Vermieter gesprochen
letzte Woche schon
Mit dem Vermieter
Und ich kann
Ich werde die Wohnung
übernehmen
Die Wohnung
von Frau Yamamoto
ERIK Übernehmen –
wie –
NINO Ich zieh aus

Ich zieh bei uns aus
und bei Frau Yamamoto ein
Ich hab den Vertrag schon
unterschrieben

Pause.

ERIK Ach so

Pause.

NINO Ja

Schweigen.

ERIK Das kann auch
pure Willkür
einfach pure Willkür
könnte das
auch gewesen sein
Ihr Schwein

Pause.

NINO Wir
sind nicht
gemeint
ERIK Nein –
NINO Gibt keinen Sinn
Is einfach nur Randale

Pause.

ERIK Abgehauen
und das Wort blieb
unvollendet

Schweigen.

ERIK Is schon eigenartig
Pause.
Weißt du noch, als ich es damals
nicht mehr rechtzeitig geschafft habe
zur Hochzeit von meiner Schwester
NINO Hmm – ja
Du warst im Ausland
auf irgendeiner Konferenz
ERIK In Italien, mit dem Auto
Ich war auf der Rückreise
schon kurz vor Florenz
Da merke ich, dass ich meinen Rucksack
in einem Café in Rom vergessen habe
NINO Ja, ich kann mich erinnern
ERIK Ausweis Geld Schlüssel Handy
Laptop mit Arbeitsdateien
Mein ganzes Leben war
in diesem Rucksack
Alles
Pause.
Also was sollte ich tun
Ich musste zurückfahren
die ganze lange Strecke
Und ständig hab ich gedacht
den Rucksack bekomm ich sowieso nicht wieder
Der ist einfach weg
Das wird ne Riesenwelle

Ausweis beantragen Karten sperren
und das Handy mit allen Kontakten
Fotos futsch die Arbeitsdateien
Der ganze Wahnsinn

NINO Jaja ich erinnere mich
Du hast mich angerufen
von der Raststätte oder
irgendwo unterwegs

ERIK Ich hab dir gesagt
ich komme wahrscheinlich
nicht rechtzeitig zur Trauung
aber ich komme auf alle Fälle
Ich werde fahren wie der Henker
Und du hast ins Telefon gebrüllt
Lass den Rucksack in Rom
Lass doch den blöden Rucksack einfach in Rom

NINO Das hab ich gesagt –

ERIK Du warst so wütend –
Geschrien hast du –

NINO Nee –

ERIK Doch –

NINO Das weiß ich nicht mehr –
Pause.
Oh, wie gemein –
Das hab ich von dir verlangt –
Lass den Rucksack in Rom –

ERIK Vehement –
Und ich soll sofort umdrehen und
zur Hochzeit kommen
Und ich hätte immer die falschen Prioritäten

NINO Oh, nee –
aber du bist nicht – was hast du gemacht –

ERIK Ich bin stur nach Rom gefahren

Ich wollte es wenigstens versucht haben
Pause.
Und dann komme ich in dem Café an
Die wollten grade zumachen
Und der Kellner
greift sofort hinter den Tresen und
hält meinen Rucksack in der Hand
Das war –
Gott ich war so dankbar –
Ich hab dem später
ne Kiste Champagner geschickt

Kleines Lachen.

NINO Bist du durchgefahren
die ganze Strecke
her und hin und her
ERIK Ein Mal hab ich auf nem
Parkplatz gepennt
Die Trauung hab ich verpasst
aber ich kam mitten im Fest
Ihr wart alle schon betrunken
NINO Du hast so fertig ausgesehen, damals
Du hast völlig fertig ausgesehen
Pause.
Hab ich dir Vorwürfe gemacht
ERIK Nee, du warst froh
dass ich da war
dass wir feiern konnten
Pause.
Aber deine Stimme hatte ich
lange im Ohr
Lass den Rucksack doch in Rom

Pause.
Lacht.
Und manchmal habe ich das Gefühl
dass ich immer noch
auf dieser Autobahn bin
irgendwo
zwischen der Feier dem Tanzen den Freunden
zwischen dem Leben selbst
und dem Rucksack, mit dem es verwaltet wird
und ich bin einfach nicht fähig
diesen Rucksack in Rom zu lassen
NINO Erik, das stimmt doch gar nicht
Und was ich gesagt hab
war egoistisch und fürchterlich dumm
ERIK War es nicht –
NINO Himmel nochmal, superinfantil –
Okay –
Ausnahmsweise hast du mal recht –

Kleines Lachen.

NINO Du grübelst viel zu viel
das ist dein Problem
ERIK Ja, aber –
wenn du ausziehst –
Pause.
Dann wird mein Leben trauriger
und wahrscheinlich auch kürzer
NINO *muss lachen* Oh Erik, das ist wirklich
sehr sentimental
Fang bitte nicht an
zu heulen

Eine Frau kommt herein.

FRAU Entschuldigt – Ich hab gestern meinen Rucksack hier vergessen –

Nino und Erik lachen los.

NINO Warten Sie ne Sekunde – Ich seh mal nach.
FRAU Was ist passiert – Ist jemand eingebrochen –
ERIK Irgendwer hats versucht, anscheinend. Wir warten auf die Polizei.
FRAU Da liegen Pflastersteine rum. Draußen.
ERIK Schon gesehen.
NINO *kommt zurück* Tut mir leid, ich kann nichts finden. Da ist nur ein Regenschirm … *Zeigt ihn.* Ist das Ihrer –
FRAU Nee. – Wirklich kein Rucksack? – Das gibts doch nich. Hat ihn jemand geklaut? Jemand hat ihn geklaut –
NINO Bei uns im Lokal – nich im Ernst.
FRAU Oder hab ich ihn im Bus gelassen. Hab ich ihn im Bus gelassen – Ich kann mich nicht erinnern. Was mach ich bloß –
NINO Was war denn drin –
FRAU Nur so Kram. Haarbürste, Aspirin – Das gibts doch nich. *Pause.* Weil – hier hatte ich den noch und danach aber nicht mehr.
NINO Kann man verschmerzen –
FRAU Oder hatte ich den gar nicht dabei, gestern? Kann sein, ich hatte den gar nicht dabei. – War ich mit der blauen Tasche unterwegs, und die hab ich ja noch, und der Rucksack ist zuhause geblieben –. Das könnte schon sein. Dann ist der zuhause im Flur. Hängt der im Flur zwischen den Jacken, die ganze Zeit. – Dann hab ich den gar nicht mitgenommen. Wahrscheinlich. *Pause.* Gott, das ist mir jetzt peinlich –
ERIK Kann passieren.
FRAU *deutet auf die Scheibe* Hoffentlich findet ihr raus, wer das war – *Pause.* Hoffentlich findet ihr das raus.

NINO Ja. Bis bald.

Die Frau geht. Schweigen.

ERIK Was würde Frau Yamamoto sagen
NINO Was würde Frau Yamamoto sagen
Sole
Sole würde sagen
macht doch einfach ein
Glücksschwein draus

Pause.

ERIK Hoffentlich kommt jetzt bald mal
jemand
Wann hast du da angerufen

Pause.

NINO Genau das werd ich machen
IHR GLÜCKSSCHWEINE
Lacht.
Pause.
Ich muss noch renovieren
weißt du
ERIK Ich weiß nicht
was ich
Pause.
Ich werde unglücklich
sein ohne dich
NINO Ja
Das wirst du

Epilog

Im Treppenhaus. Die Tür zu Frau Yamamotos/Ninos Wohnung steht offen. Nino ist dabei, die Wände zu streichen.

FRAU Ich komme wegen der Wohnung. Ist hier die Besichtigung?

Pause.

NINO Nein, das ist –
FRAU Sie ist doch noch zu vermieten?
NINO Nein, das ist – Das ist ein Irrtum.
FRAU Sie renovieren noch? Kann ich sie trotzdem schon mal ansehen.
NINO Ich sage doch –
FRAU Hier steht, sie ist zu vermieten. Und die Tür ist offen.
NINO Die Tür ist immer offen. Frau Yamamoto hat es gerne so.
FRAU Aber die Wohnung ist leer. – Das seh ich doch.
NINO Das sieht nur so aus. *Pause.* Frau Yamamoto ist noch da.

Pause.

NINO Ja. Frau Yamamoto ist noch da.

DEA LOHER
geboren 1964 in Traunstein. Studium der Germanistik und Philosophie in München. Lebt in Berlin.

Theaterstücke

Olgas Raum
Uraufführung: Ernst-Deutsch-Theater, Hamburg, 7.8.1992, Regie: Yves Janssen

Tätowierung
UA: Ensemble-Theater am Südstern, Berlin, 8.10.1992, R: Thomas Hollaender

Leviathan
UA: Staatstheater Hannover, 2.10.1993, R: Antje Lenkeit

Fremdes Haus
UA: Staatstheater Hannover, 14.9.1995, R: Andreas Kriegenburg

Blaubart – Hoffnung der Frauen
UA: Bayerisches Staatsschauspiel, München, 26.11.1997, R: Andreas Kriegenburg

Adam Geist
UA: Staatstheater Hannover, 28.2.1998, R: Andreas Kriegenburg

Manhattan Medea
UA: steirischer herbst/Mecklenburgisches Staatstheater Schwerin, 22.10.1999, R: Ernst M. Binder

Klaras Verhältnisse
UA: Burgtheater Wien, 31.3.2000, R: Christina Paulhofer

Berliner Geschichte
UA: Staatstheater Hannover, 18.5.2000, R: Andreas Kriegenburg

Die Schere
UA: Burgtheater Wien, 27.1.2001, R: Andreas Kriegenburg

Anna und Martha (Der dritte Sektor)
UA: Thalia Theater Hamburg, 16.5.2001, R: Dimiter Gotscheff

Magazin des Glücks
UA: Thalia Theater Hamburg, ab 2.10.2001, R: Andreas Kriegenburg

Unschuld
UA: Thalia Theater Hamburg, 11.10.2003, R: Andreas Kriegenburg

Das Leben auf der Praça Roosevelt
UA: Thalia Theater Hamburg, 2.6.2004, R: Andreas Kriegenburg

Land ohne Worte
UA: Münchner Kammerspiele, 30.9.2007, R: Andreas Kriegenburg

Das letzte Feuer
UA: Thalia Theater Hamburg, 26.1.2008, R: Andreas Kriegenburg

Diebe
UA: Deutsches Theater Berlin, 25.1.2010, R: Andreas Kriegenburg

Am schwarzen See
UA: Deutsches Theater Berlin, 26.10.2012, R: Andreas Kriegenburg

Gaunerstück
UA: Deutsches Theater Berlin/Ro-Theater, Rotterdam, 12.1.2015, R: Alize Zandwijk

Bär im Universum
UA: Staatstheater Kassel, 13.9.2020, R: Martina van Boxen

Frau Yamamoto ist noch da
UA: Tokyo Engeki Ensemble TEE, Japan, 12.9.2024, R: Yoshinori Koke / Schauspielhaus Zürich, 12.9.2024, R: Jette Steckel

Hörspiel / Libretto

War Zone
Hörstück. Ursendung: BBC, 24.11.2002, R: Polly Thomas
Erstaufführung als Sprechtheater: Maxim-Gorki-Theater, Berlin, 12.10.2006, R: Matthias Huhn

Weine nicht, singe. Opernlibretto. Musik: Michael Wertmüller
UA: Hamburgische Staatsoper, 20.9.2015, R: Jette Steckel
Erstaufführung als Sprechtheater: Deutsches Theater Berlin, 21.1.2017, R: Jette Steckel

Diodati. Unendlich oder The Great Object of Life. Opernlibretto. Musik: Michael Wertmüller.
UA: Oper Basel, 21.2.2019, R: Lydia Steier

Prosa

Hundskopf, Wallstein Verlag, Göttingen 2005

Bugatti taucht auf, Wallstein Verlag, Göttingen 2012

Bär im Universum, Fischer Sauerländer Verlag, Frankfurt 2022

Preise und Auszeichnungen (Auswahl)

Mülheimer Dramatikerpreis 1998 und 2008 für *Adam Geist* und *Das letzte Feuer*, Else-Lasker-Schüler-Dramatikerpreis 2005; Bertolt-Brecht-Preis 2006; Berliner Literaturpreis 2009; Marieluise-Fleißer-Preis 2009; Preis des Deutschen Zentrums des Internationalen Theaterinstituts (ITI) 2011; Aufnahme in die Deutsche Akademie für Sprache und Dichtung 2013; Ludwig-Mülheims-Theaterpreis 2013; Stadtschreiberin von Bergen-Enkheim 2014/15; Aufnahme in die Berliner Akademie der Künste 2016; Joseph-Breitbach-Preis 2017; Samuel-Bogumil-Linde-Preis 2020.

Dea Loher in der Theaterbibliothek des Verlags der Autoren

Adam Geist. 124 S., ISBN 978-3-88661-196-6
Am schwarzen See. 104 S., ISBN 978-3-88661-353-3
Diebe. 120 S., ISBN 978-3-88661-329-8
Frau Yamamoto ist noch da. 112 S., ISBN 978-3-88661-427-1
Fremdes Haus. 84 S., ISBN 978-3-88661-171-3
Gaunerstück. 104 S., ISBN 978-3-88661-367-0
Klaras Verhältnisse / Anna und Martha. 192 S., ISBN 978-3-88661-328-1
Das letzte Feuer / Land ohne Worte. 136 S., ISBN 978-3-88661-308-3
Magazin des Glücks. 192 S., ISBN 978-3-88661-244-4
Manhattan Medea / Blaubart – Hoffnung der Frauen. 144 S., ISBN 978-3-88661-208-6
Olgas Raum / Tätowierung / Leviathan. 230 S., ISBN 978-3-88661-152-2
Unschuld / Das Leben auf der Praça Roosevelt. 204 S., ISBN 978-3-88661-271-0
Weine nicht, singe / Diodati. Unendlich. Zwei Libretti. 128 S., ISBN 978-3-88661-396-0

Im Wallstein Verlag erschienen

Sechs Stücke. (Enthält: *Adam Geist, Blaubart – Hoffnung der Frauen, Unschuld, Das Leben auf der Praça Roosevelt, Das letzte Feuer* und *Diebe*). ISBN 978-3-8353-3239-3